Károly Mária Kertbeny

Alphabetische Namenliste ungarischer Emigration

Károly Mária Kertbeny

Alphabetische Namenliste ungarischer Emigration

ISBN/EAN: 9783742891310

Hergestellt in Europa, USA, Kanada, Australien, Japan

Cover: Foto ©ninafisch / pixelio.de

Manufactured and distributed by brebook publishing software
(www.brebook.com)

Károly Mária Kertbeny

Alphabetische Namenliste ungarischer Emigration

ALFABETISCHE NAMENSLISTE

UNGRISCHER EMIGRATION

1848—1864

(MIT EINSCHLUSS DER AUSSERHALB UNGARN INTERNIRTEN)

Sammt vorläufigen biografischen Andeutungen in Abreviaturen

REDIGIRT

von

K. M. KERTBENY.

GEDRUCKT ALS MANUSKRIPT

Preis : 2 1/2 Franken, oder 1 Gulden Ö. W.

BRÜSSEL & LEIPZIG
KIESSLING UND COMP.

—

1864.

VORWORT.

Ich lasse diese « *Namensliste ungrischer Emigration* » als Vorläufer des Hauptwerkes drucken, keineswegs mit der Präten-
sion, dasz diese Liste komplet sei; dasz ihre einzelnen Angaben
durchaus für korrekt gelten mögen; oder dasz ich die schon
in Händen habenden Daten insgesammt herzähle. Gerade im
Gegentheile. Ich will durch diese Publikation recht offen dar-
legen was mir noch fehlt; was ich nicht aus direkter Mitthei-
lung erhielt, was somit falsch oder unrichtig sein mag; und auch
von den schon erhaltenen Daten habe ich flüchtig nur jene abrevia-
tiv hergezählt, welche genügen, eine Identität festzustellen, einer
Verwechslung der Person vorzubeugen. Ich lasse absichtlich
dieses theilweise noch so inkomplete und inkorrekte biografi-
sche Signalement in dieser Lückenhaftigkeit drucken, und
durch den Buchhandel ausgeben, eben um die Betreffenden
oder ihre Freunde noch rechtzeitig auf die Gefahr aufmerksam
zu machen — und ihnen Gelegenheit zu bieten, durch *direkte
Mittheilungen an mich* dem zuvorzukommen, — dasz sie nicht
auch in das Hauptwerk, so historisch unrichtig bezeichnet,
hinüberwandern müssen. Ich erkläre daher nochmals, ich
nehme gerne, ja dankbar, alle direkten Zusendungen, Korrekturen und Nachträge — franko — an, und verspreche der direkt mir
gewordenen Daten sinngetreue Aufnahme im Hauptwerke. Da
lezteres ein «*Ehrenspiegel des Ungrischen Namens im Auslande*»
werden soll, so ist es natürlich im persönlichen Interesse
eines jeden Einzelnen, selbst dafür zu sorgen, dasz sein biografi-
sches Portrait in diesem Nationalspiegel nicht durch falsche
Daten entstellt, als Zerrbild reflektirt erscheine. Und dasz die
Majorität der Landsleute — und zudem die verdienstlichste —
diese Vorsorge als nationale wie persönliche Pflicht ansah,
beweiszt eben der Ausweis der so zahlreich mir schon bisher
gewordenen direkten Mittheilungen, für die ich hiemit erge-

benst danke. Bei allen Namen, denen ausgedrukt das *Geburts-jahr* in dieser Liste beigegeben ist, erfreute ich mich solcher direkten Mittheilungen; oder ich nahm, bei Verstorbenen, die Daten aus sicheren lexikalen Quellen. Wo dagegen das Geburtsjahr nicht eigens beigedrukt ist, dort entfällt für mich auch jegliche Verandwortlichkeit als Redakteur.

Zugleich jedoch glaube ich — indem ich schon jezt diese Liste als Vorläufer publizire — den Landsleuten bereits durch diese Liste einen wesentlichen Dienst zu erweisen, den der *synoptischen Uebersicht*, wer überhaupt zur Emigration zählt, und was seitdem aus jedem Einzelnen geworden? Denn von den geschichtlich bedeutenderen Mitgliedern ungrischer Emigration dürften schon in dieser Liste wenige fehlen. Dagegen exitsirt noch keine, auch nur entfernst so komplete und übersichtliche Liste betreff dieser Frage, weder in Manuskript, noch irgendwo gedrukt, da man es leider von Seite der Zentralbehörde dieses politischen Körpers versäumt zu haben scheint, solch eine Uebersicht amtlich und rechtzeitig anzulegen, und so hochwichtige Daten unserer Nationalgeschichte zu retten. Der Güte des Herrn Oberst D. Ihàsz verdanke ich wohl die Kopie einer, handschriftlich in Zirkulation gewesenen, Emigrantenliste. Aber diese — oder wenigstens die Kopie die ich erhielt — enthält fast nichts, als höchst kunterbunt und inkorrekt ein paar hundert Zunamen, bei denen meist die Taufnamen fehlen, wonach sich daher nicht einmal eine Identität der Person leicht herstellen liesz; und hin und wieder waren diesen Namen Bemerkungen angehängt, deren Sinn zu enträthseln noch schwieriger erschien, als die Enträthselung der Namen selbst. Solche doutöse Signalements bezeichnete ich denn auch entweder mit Fragezeichen, oder durch die Quellenangabe (Ihàsz).

Somit kann ich wohl ohne Ueberhebung heute sagen, wo wenigstens schon der wichtigste Stofftheil für das Hauptwerk vorliegt, dasz man diese über 2000 Nummern gehende Eruirung des seitherigen Schicksals der Träger unserer auswärtigen Nationalgeschichte seit 1848, meist mir verdankt; einentheils meiner eigenen Emsigkeit, und anderntheils der durch meine weitverzweigte und unermüdbare Korrespondenz hervorgerufenen, höchst ermuthigenden Zuvorkommenheit einiger Sommitäten der Emigration, in Brüssel, Genf, Paris, London, Edinburgh, Mailand, Turin, Florenz, Neapel, Modena, Mondovi, Bukarest, besonders Newyork, sowie in Ungarn selbst. Diese so hochschätzbaren und pratriotischen Mitarbeiter haben sich aber vorerst noch die Nennung ihrer Namen verbeten, was ohnehin in der Natur der Sache liegt, wenn ein Redakteur die Verandwortlichkeit übernimmt.

Ich selbst habe für dies Unternehmen nun fast schon ein Jahr an Zeit, Arbeit und Unermüdlichkeit zum Opfer gebracht, allein an 600 Privatbriefe (und selten kurze!) geschrieben und expedirt, eine direkte Bibliothek von Quellenwerken angelegt, und viel unnöthigen Streit gegen Unverstand oder bösen Willen durchgefochten. Also schon allein als literärische Arbeit dürfte mein, demnächst erscheinendes Hauptwerk als einzig in seiner Art in ungrischer Literatur der vaterländischen wie fremden Sprachen dastehen. Es gibt in unserer heimischen Literatur noch kein Werk, weder ungrisch, noch in anderm Idiom, das 2000 Biografien umfassen würde; und noch weniger eines von solcher Gewissenhaftigkeit in Redaktion der erhaltenen Daten, von solch klarer Organisation in der Uebersicht. Wer das nicht glaubt, nehme nur solch ein Lexikon von Danielik und Ferenczy, oder die Genealogie Ivan Nagy's zur Hand, und prüfe kritisch durch! Und jene Werke wurden daheim, in ungestörter Gemächlichkeit, bei offenen Quellen, und im Verein mit hunderten von Mitarbeitern angelegt!

Welchen geistigen und nationalen Werth aber ein Unternehmen gleich dem meinigen für die Zukunft der Ehre und der Weltbedeutung Ungarns haben musz, indem ich unserer modernen Geschichte noch rechtzeitig den Stoff zu ihren glänzendsten Blättern rette, wird man hoffentlich später von selbst einsehen, wenn persönliche Bezügnisse längst verblichen sein werden, der Nation es aber noch voller zum Bewusstsein kommt, dasz ihre europäische Zukunft zumeist davon abhängt, sich durch massenhafte Repräsentanz ihres Wesens und ihres heiligen Rechtes den übrigen europäischen Völkern das Faktum zur

Erkeñntnisz zu bringen, welch ein mitentscheidender und kräftereicher Faktor des Strebens gesammter moderner Menschheit das so geringzählige ungrische Volk ist, wenn man wiegt, und nicht blos summirt. Vor solch hoher Aufgabe aber haben kleinliche Bedenken, und persönliche Rüksichten zu schweigen.

Ausgehend von dem Prinzipe dreihundertjähriger, so vielfach beschworner staatlicher Selbständigkeit Ungarns im Personalverbande mit der oestreichischen Monarchie, muszte ich logisch auch die auszerhalb der Grenzen Ungarns Verbannten oder Internirten mit zur ungrischen Emigration im Auslande zählen.

Indem ich nochmals wiederhole, dasz ich auch im Hauptwerke nur trokene historische Daten — wenn gleich im breiteren Erzählertone mittheilen — mich aber allen Raisonnements, und aller Ausfälle nach rechts oder links enthalten werde, steht zu hoffen, dasz, nach unseren vaterländischen Gesetzen, der Zirkulation des Vorläufers wie des Hauptwerkes nichts im Wege liegen dürfte.

Im Hauptwerke selbst wird nicht die alfabetische Aufzählung eingehalten, sondern eine Eintheilung nach historischen Kategorien stattfinden.

Der Gott unseres Volkes «der da das *Recht* ist!» sei stets mit uns Allen!

Brüssel, 1. Mai 1864.

K. M. KERTBENY,

No 2, rue de la Régence.

UNGRISCHER EMIGRATION

seit 1849.

---

1 **A**braham, Ldw. Leg. 63. *, Ankona.
2 **Abrámovicz,** Hier. Major poln. Leg. 49 T.
3 Accipe, ... Leg. † 62, Crema.
4 Acs, Aladàr, Leg. — Dp. 62, Crema.
5 **Acs,** Gedeon, Ref. Pred. 49 T. 50 A. 56 U.
6 Aczél, Ign., Honv. Wachtm. A. U.
7 **Adàms,** Konst., 49 Honv. 50 London. 63 Leg. Hptm. Mailand.
8 **Adllczer,** Ant., 48 Honv. Arzt, 49 T. 62, Leg. Hptm.; jezt Egypten. Isr.
9 Agathon, Krl., 62 Lieut. Cuneo.
10 Ajtay, Ed. 49 Honv. Wachtm. — A.
11 **Albert,** Anselm. Geb. 1819; k. k. Lieut., 44 quitt. 48 Honv. Major *. 49, T. Türke. 52 A. Jezt amerikanischer Oberst.
12 Albert, Joh., Leg. 63. *, Ankona.
13 Albert, Stef., Leg. — Dp. 62, Crema.
14 Albrecht, I. v. Albrechtsburg. 49 Kav. Lieut. 50 A.
15 Alessandrovics, ... Leg. — 62 Dp., Crema.
16 **Alexi,** Karl, Geb. 1816; 49 Honv. 50 London. Bildhauer. 59 U.
17 Almány, Ad., k. k. Feldw. 60 Garibaldist. 62 Leg. Oberl.
18 **Almàsy,** Paul v. Geb. 1818. Reichstagpräses, Debreczin. — 49 T. 50 Brüssel. 58 U. 64 im März arretirt in Pest.
19 **Almàsy,** Amalie von, geb. Gräfin Battbyànyi. Geb. 1818. — 51 Brüssel. 53 Wien.

20 *Almàsy*, Josef v.— Brüssel.— † 63 Pest.
21 **Almàsy,** Ilma v. jezt Bar. Maltzahn, Hannover.
22 **Alvinczy,** Baron, ... † Brasilien.
23 **Ambrosovics,** Gisella v. geb. Meszlényi. 52 A. 63 L
24 **Ammon,** Fr., 48 *Min. Beamter.* 51 A. Jezt Davenport.
25 *Anastazy.* ..... 49 Honv. Lieut. T, ...
26 **Andorfi,** Karl, 48 Major. 49 KK. Hamburg, A. U.
27 **Andràsfi,** ..... 46 ungr. Leibgarde ; 48 Honv. *Major.* 49 T.
52 † erschossen; Pest.
28 **Andràsy,** Graf Aladàr. Geb. 1827. 48 Honv. *Obristl.* 49 T.
Paris. London, 53 U.
29 **Andràsy,** Graf Julius. Geb. 1823. 49 *Gesandter in Konstantinopel.* 50 Paris. 54 U.
30 *Antal,* Joh., 60 Garibaldist, 62 Leg. Wachtm, 63. *, Ankona.
31 *Antal,* Vinz. Leg. 62 Dp. Crema.
32 **Antonovics,** Alb. v. Almàr. 49 Honv. *Oberst.* † Wien, 61.
33 **Arguy,** Gr.?, 48. Honv. Hptm. 49 T. Türke. 50 Bosnien. Jezt Italien.
34 *Arnold,* Aug.,k.k.Hptm. 60 Garibaldist. 62 Leg. Hptm.63 Cuneo
35 **Arnsberg,** Geo., Freih. v. 49 Husz. Major. 50 Kufstein. 55 A. 63 *amerikanischer Oberst.*
36 **Arvay,** ..... Honv. *Oberl.* † 51. Cuba; erdrosselt
37 **Arvay.** ..... 48 Honv. Hptm. 49 T. 50 türk. *Major.* 53 A. 54 Krimm. 55 †, gehangen, Pest.
38 *Arvay,* ..... 49 ..... T. Renegat. 56 U.
39 **Asbòth,** Alex. v., 48 Obristl. 49 T. Kiutabia. London. 51 A. Jezt *amerikanischer General.*
40 *Ascher,* Dr.. ..... 50, Aleppo. ..... Isr.
41 *Assòth,* Joh., Leg. 63, *. Ankona.
42 *Asztalfy,* ..... 49 Honv. Lieut. 50 A.
43 *Asztalfy,* Emma v. geb. ..... Hptm's Gattin. Ankona.
44 *Asztalfi,* Krist. v. Leg. Hptm. 63. *, Ankona.
45 **Asztalos,** Al. v. 48 *Honv.* *Oberst.* 49 Berlin. Hamb. †. 56. Genf ; im Duell.
46 *Asztalos,* Marie, geb. ....; Obristenwittwe. Genf.
47 *Aumàl-Gyöngyöfy.....*

48 Bàa, Joh., 49 Honv. 50 A.
49 *Barbarczy.* Frz., Leg. 62 Dp. Crema.

Mich., 48 Lieut. 49 T. Amnestirt heim. 60 Garibaldist.
Jg. Lieut. 63 *, Ankona.

arcic, Svet. Schiffskap.Fiume. 60 Garibaldist. 61 Leg.Lieut.
Jui, Cuneo. 63 Fiume.

Jadini, Ant., Waffenfabr. 49 KK. Hamburg, 52 U.

53 *Badist*, Gàb. 60 Gàribaldi. 61 Leg. Wacht. 62 Dp. Crema.

54 *Bajcsi*, Alex., Leg. 62 Dp. Crema.

55 *Bain*, Sigm., Leg. 62 Dp. Crema, zerschoss sich den Arm.

56 *Bakacs*, Làszl, 48 Honv. Lieut. 49 T. 50 A. Dann U. † daheim.

57 *Bakcsy*, ... Wiener Agent (?). † Paris.

58 *Bakò*, Imre, Leg. Lieut. 62 Dp. Crema.

59 **Bakody**. Dr. Th., 49 Galopin. 50 Galizien. 55 Wien. 63 U.

60 *Bakos*, Mich., Leg. Dp. 62. Crema.

61 *Baksa*, Joh., 49 Honv. Unteroff. 50 A.

62 *Baksa*, Barbara. Unteroff. Gattin. 50 A.

63 **Balassa**, Baron Anton, Geb. 1821. 49 Honv. Hptm. 60 Genf.

64 *Balàzs*, Frz., 49 Honv. 61 Leg. Oberl. 62 Dem. U.

65 *Balàzs*, Therese, geb. ....; Oberl. Gattin. Aqui, U.

66 *Balàzs*, Karl; Sohn. Aqui. U.

67 *Balàzs*, Vilma; Tochter. Aqui. U.

68 *Balay*, ... Honv. Hptm. 49 KK. — Brüssel. U.

69 *Baldor*, Alb.. Leg. 62 Dp. Crema.

70 *Bàlint*, Frz.. Leg. Feldw. 63. *, Ankona.

71 *Balkos*, Joh, Leg. 62 Dp. Crema.

72 *Balla*, Joh.. 49 Unteroff 51. A.

73 *Balla*, Pet., 61 Leg. Korp. 63. *, Ankona.

74 *Ballarcsics*, ... Leg. Lieut. seit Nov. 62.

75 *Bàllint*, Jos.. 60 Garibaldist. 62 Leg. Turin.

76 *Bally*, Stef., Leg. Dp. 62, Crema.

77 *Balogh*, Andr.. 49 Honv. 60 Leg. Oberl. Turin

78 *Balogh*, Czirmos, 49 Honv. 61 Leg. Lieut. Genua.

79 **Balogh**, Dav., k.k. Lieut. 49 desert. 55 A. 59Piac.Husz. 1860
k. ital. Oberl.

80 **Balogh**, Imre, Honv. *Major*. 50 London.

81 *Balogh*, Frz., Honv. Lieut. 49 T.

82 **Balogh**, Joh., v. Galantha. *Reichstagdeputirter*. Geb. 1800
49 Honv. Major. T. Renegat. 50 türk. *Oberst*. Malta. London.
57 U. 61. Reichstagmitglied.

83 *Balogh*, Jos.. 49 Honv. Wachtm. 50 T. 52 U.

84 *Balogh*, Ludv., 63 Lieut. in Cuneo.

85 *Balogh*, Stef., 48 Honv. 49 T. Barbier in Konst. 59 U. Siebenbürgen.

86 *Balogh*, Stef., 48 Honv. aus Szathmàr. 49 T.

87 **Balogh**, Vict. v. Galantha. 49 **Rittm.** 50 T. 55 U. 60 Italien.

88 *Banda*, Jos., Honv. A.

89 *Bangya*, Imre, 49 Honv. Hptm. 61 Hpt. des D. in Aqui. 62 Dem.

90 **Bangya**, Joh. v. *Journalist, Polizeidir.* 49 *Oberst;* 50 T. Renegat. London. Polizeiagent. Tscherkesse: *Mehemed Emir Bey.* Jezt Konstantinopel.

91 *Banyafy*, N. 61 Leg. Oberl. d. Husz. 63 quitt. Jezt Bayern.

92 *Barabàs*, Mich. 48 Honv. Oberl. 49 T. 59 päbstlich, gefangen ; 60 Leg. Oberl. Jezt Genua.

93 *Baranovszky*, Ant., Leg 62 Dp. Crema.

94 *Baratkievicz*, ... 48 poln. Leg. 49 T.

95 *Barcsa*, Josef, 48 Honv. Hptm. 49 T. 51 A.

96 *Bàrdi*, Rud., 60 Leg. Lieut. 61 A.

97 *Bàrdy*, ...,, 50 Schumla. verurtheilt zu 4 Jahr.

98 *Bardòcz*, ... Kath. Priester. 63 Moldau.

99 *Baròcs*, Nik., Honv. 51 A.

100 *Baron*, .., 49 Honv. Lieut. 50 T. Renegat. 51 Bosnien.

101 **Baròthy**, Lad., 49 Honv. Major. 50 T. Renegat 52 A. Farmer in Omaha.

102 *Baròthy*, Anna, geb. *Lèvai.* 50 T. 52 A.

103 **Baròthy**, Joh., Brunnenbändler. 50 T. 52 ✝; gehangen in Siebenbürgen.

104 *Bàrs*, ... 49 Honv. Oberl. 50 T. 51 A.

105 *Barsik*, Frz., 60 Garibaldist. 63 Leg. Turin.

106 *Bartha*, Sigm., Leg. 62 Dp. Crema.

107 *Bàthory*, Dr... Dragoman der Pforte.

108 **Bàthory**, Ign.. 48 Oberl. 49 KK. Hamburg. 50 A. Jezt *amerikanischer General.* Isr.

109 *Bàthory*, ... Frau. Aus Wien. Newyork.

110 **Bàtorfy**, ... 48 Honv. 49 T. R. *Jezt türkischer Oberst.*

111 *Balta*, Imre v. 60 kk. Lieut. quitt. 61 Leg. Hptm. 63 quittirt.

112 *Battay*, Joh., 49 Honv. 50 A.

113 **Batthyànyi**, Gräfin Antonie geb. Zichy. *Ministerswittwe.* Geb. 1816. Schweiz. Brüssel. U.

114 **Batthyànyi**, Gräfin Auguste geb. Keglevics. *Ministerswittwe.* Geb. 1808. Widdin, Schumla, Kiutahia. Paris.

115 **Batthyànyi**, Graf Ellemér. Geb. 1846. Schweiz. Brüssel. U.

116 **Batthyànyi**, Gräfin Emanuela. geb. Batthyànyi. Geb. 1838. 49 Schweiz, Brüssel. U.

117 **Batthyànyi**, Gräfin Ilona, verehlichte Béla Keglevics. Geb. 1842. Schweiz, Brüssel. U.

118 Batthyányi, Graf Kasimir. *Minister.* Geb. 1807. 49 T. 51 Paris. † 1855 Paris.

119 Batthyányi, Graf Stefan. Geb. 1812. *Deputirter.* 49 Widdin. Konstantinopel. 50 U.

120 *Bauer,* Joh,. Leg. 62 Dp. Crema.

121 *Baumann,* ... 61 Leg. Lieut. 62 Dem. 53 A. 64 amerik. Oberl.

122 *Bausel,* Guido, Lieut. in Cuneo, 63.

123 *Bay,* Alex.....

124 *Baumel,* ... aus Deutschland. 60 k. k. Feldw. 61 Lieut. in Aqui. Jezt Griechenland.

125 *Beck,* Val.., aus Bàcs. Rom, ungrische Legion...

126 Beck, Baronin, recte *Wilhelmine Raridula.* Spionin. Englische Schriftstellerin. † London. 1850.

127 *Becse,* ... Oberl. 50 A.

128 *Becsey,* Jos., Hptm. d. Monturskom. 50 A.

129 *Bedöcs,* Joh., Leg. 62 Dp. Crema.

130 *Behm,* David, Leg. Nov. 62 an Oestreich ausgeliefert; desertirte zurück, Crema.

131 *Being,* Frz., Leg. 62 Dp. Crema.

132 Beisigl, Karl, 49 Hptm. † 1858 Amerika.

133 *Bejàcs,* ..... Lieut. KK. 50 A.

134 Beke, Max.....

135 Beke. ... Kath. Priester. 64 Pfarrer in Memphis. Amerika.

136 *Békessy,* Ludv., 49 Obristwachtm. †49 Paris.

137 *Bekes,* Karl, 49 Honv. 61—62 Lieut. in Aqui. 62 Dem. Siebenbürgen.

138 *Beldegàs,* Joh., 60 Garibaldist. 61 Leg. Wachtm. 63 Turin.

139 *Beleznag,* ... † Widdin.

140 *Bellegar,* Joh., Leg. 62 Dp. Crema.

141 *Belollo,* Joh., Aus Venedig. 60 k. k.Oberl. 61 Leg. Oberl. 62 Dem. Turin.

142 Bem, Josef, 49 *F. M. L. Oberkomm. in Siebenbürgen.* Pole, geb.1795.† 1850, Aleppo; *türkischer General ,,Amurat Pascha.''*

143 Bémer, Baron Lad. *Bischof v. Groszwardein.* Geb. 1784 49—61 verbannt aus Ungarn. † 62 Szathmàr.

144 *Bencze,* ... Deputirter v. Baranya, 49 T. 50 U.

145 *Bencsò,* Andr., Honv. 50 A.

146 Benediktl, Jos., k.k. Lieut. 49 Honv. Rittm. 50 Bukarest 59 Piac. Husz. 60 Garibaldist. 61 Leg. *Major.* 63, *, Ankona.

147 *Benesch,* Frz., Seit 62 Leg. Lieut. d. Jäger.

148 Beniczky, Kornel v. 48 Oberl. 49 KK. 50 A. *Fotograf* 64 Newyork.

449 *Benke,* Daniel, Leg. 62 Dp. Crema.

450 **Beöthy,** Eugen, von Bessenyö. Geb. 1796. Reichstagdeputirter 1830—49. Paris. London.† Hamburg. 1855.

451 **Beöthy,** Louise v. geb. Csanàdy. Wittwe. 55 Hamburg. U.

452 *Beöthy,* Akos. v.; Sohn. 55 Hamburg. U.

453 *Beöthy,* Sarolta. v.; Tochter. 55 Hamburg. U.

454 *Bereczky,* ..... Lieut. 50 T.

455 *Beregszàszi,* Joh., Gemeiner. 51 Kalifornien, dort Wirth.

456 **Berendy,** ..... *türkischer Oberst*..... (Türr)

457 *Bernàt,* ..... Hptm. 49 T. Mit Hauslab zurück. U.

458 **Bernàt,** ..... k. k. Husz. Lieut. 48 Honv. Lieut. 49 T. R· Jezt türkischer *Major.*

459 *Berre,* Ludw. 60 Garibaldist. 61 Leg. Wachtm. 63 Turin.

460 **Berzenczey,** Lad. v. Deputirter.Reg.Komm. 49 T. 50 London. Reise um die Welt. 59 Italien. 62 sich freiwillig in Galacz stellend; internirt Klagenfurt. 64 nach Marosvàsàrhely.

461 **Bethlen,** Graf Gregor. 49 Kav. Oberst, 50 aus Widdin entkommen. London. 51 mit Kossuth nach Amerika. Paris. 60 Garibaldist. 62 pensionnirt als k. ital. *General.* Jezt Genf.

462 *Bétyar,* Math. Honvéd. 50 A.

463 **Beyer,** Baron Friedrich (Rupertus). Aus Preussen. 49 Major. Deutscher Schriftsteller. † 50. Lüttich.

464 *Beyer,* Baronin ..... geb. Baronesse *Vàisz.* † 50. Lüttich.

465 *Beyer,* Baron ..... Sohn. 50 Lüttich. 51 U.

466 *Bibera* ..... Lieut. 49 T. R. Bosnien. Jezt türkische Armee.

467 **Bibra,** Eug.v. Husz.Oberl.50 T. 51A.Deutscher Schriftsteller.

468 *Biernstiel,* Moritz. 50 Kalifornien. 63 Paris.

469 **Bikkesy** (Buchecker) Alois. Geb. 1823, Wien. *Obristlieut.* † 49. London.

470 *Bilkay,* Josef. Unteroff. 50 A.

471 **Birànyi** (Schultz), Stef. Geb. 1817. Ungrischer Schriftsteller. Regimentskassier. 49 KK. 50 A. 52 *Fotograf* in Rio-Janeiro· 56 Fabriksf. in Cuba. Soll † 58 in Cuba.

472 **Birò,** Ed. v. k. k. Hptm. 48 *Major* 49 T. 50 A. Soll † Neworleans, 54. Nach Andern U.

473 **Birò.** Joh. 48 Honv. 49 T. R. 63 türkischer *Hauptmann.*

474 **Birò** (Degenstein) Ludw. v. F. M. L. Sohn aus Wien. 59 k. k. Oberl. desertirt. 60 Garibaldi. 61 Leg. Hptm. Jezt Neapel.

475 *Birò* ..... Lieut. 49 T.....

476 *Bittò* ..... Reichstagsdeputirter. 49 aus Widdin fort. Paris. U.

477 *Bizonyfi,* Frz. Lieut.....

478 *Blagvev* ..... Artillerist .....

179 *Bleszczynski* ..... Major. Pole. 50 Schumla. Kiutahia. 51 A.
180 **Blumberg,** Dr. Heinr. 48 Redakteur. 60 Ostindien. 64
   Cannes in Frankreich. *Arzt.* Englischer Dichter.
181 *Bobcsinszky* ..... Lieut. d. polnischen Legion .....
182 *Bodola,* Ludw. Art. Oberl. .....
183 *Bodolay* ..... Lieut. .....
184 *Bodolay,* Andr. Leg. 62 Dp. Crema.
185 *Bodonek,* Georg. Unteroff. 51 A.
186 *Bodonek,* Anna. Unteroff. Gattin. 51 A.
187 **Bœck,** Joh. Böhme. *Major.* Bem's Sekr. 49 T. 51 A. 64 amer.
   Major.
188 *Bogdan,* Ant. Leg. 62 Dp. Crema.
189 **Bogdan,** Ludw. Minist. Sekret...?
190 *Bogdan,* ..... Székelyer, Gemeiner, 51 A.
191 *Boguszlavszky,* Andr. Leg. 62 Dp. Crema.
192 *Bohonyi,* Loh...
193 **Boison** ... Franzose. Oberl. 49 T. Nach Frankreich.
194 *Bokonyi,* Joh. Honv. 51 A.
195 *Bokros,* Ludw. 49 Husz. Kap. 61 bei Zimony arretirt.
196 *Bokross,* Lad. Oberl...
197 *Bombar,* Joh. Leg. 62 Dp. Crema.
198 *Bonts,* Ludv. Leg. 62 Dp. Crema.
199 *Bonyhàdy,* Ed... England ...
200 **Bontovics,** Mich., Honv. 51 A.
201 *Borbély,* Dan., Huszàr. 49 T. 51 A, dort Taglöhner.
202 *Borcsàn,* Mich., Leg. 62 Dp. Crema.
203 *Bordàn,* Alex., Leg. 62 Dp. Crema.
204 *Bordàn,* Ed., Komitatsbeamter. 50 T.
205 *Bordàn* ... walach. Geistlicher. 50 T.
206 **Borjàthy,** Nik. Aus Bihar. † Aug. 53 am gelben Fieber in
   New-Orléans.
207 *Boros,* Ludv. 60 Garibaldist. Hptm.
208 *Boros* ... Lieut. 50 T. ...
209 *Boros,* Alex., Guerillachef 50 A.; verschollen.
210 *Borsay,* Alex ... 51 mit Amnestie, U. Siebenbürgen.
211 *Borza,* Aron. Lieut. 50 T. ...
212 *Bosàny* (sich „Bossànyi" nennend) k. k. Arzt. 60 Garibaldist.
   61 Legion. 62 entlassen.
213 *Bossànyi,* Max., Legionär, 62.
214 *Bosziki,* Trandusilus, Lieut. in Cuneo, 63.
215 *Bota,* Ign., Huszàr. 51 A.
216 *Bota,* Pet. Gemeiner. 51 A.

217 **Bozlay** ..., 49 Honv. 62 A amerikanischer *Kapitän*.
218 **Börczy,** Julius. 49 Hptm. 50 T, Schumla ...
219 **Böröndy,** Frz. Gemeiner. 51 A, Farmer in Jowa.
220 *Büsse,* ... 63 in Polen ...
221 *Braderics,* Jos., Lieut. in Cuneo, 63.
222 **Bradich** ... Geb. 1810. Fiume. *Oberst.* 1830 bei Don Carlos.
    48 Corsar; 48-49 Ungarn; Venedig. 49 T. 1850 in Smyrna arre-
    tirt; in Oestreich zu 18 Jahr Festung verurtheilt.
223 *Braun,* Jos. Leg. 62. Dp. Crema.
224 *Braun,* Karl. Pester ...
225 *Braunbeck,* Jos. Böhme. Lieut. in Cuneo, 63.
226 *Breckel,* Jos. Mähre. 49 Honvéd ...
227 *Brenovàczky.* Paul. Unteroff. 50 T ...
228 *Brodner,* Math. Honv. 51 A.
229 *Brunner,* Joh. Oberl. 50 T ...
230 *Buchmayer,* Georg. Artillerist. 51 A.
231 **Buda,** Alex. 48 *Reichstagsdeput.* 49 verurtheilt auf 11 Jahre.
    59 Walachei. 60 Leg. Rittm.
232 *Budacs,* Imre. Lieut...
233 *Buhàny,* Georg, Honv. 51 A.
234 *Bujànovics,* Paul, v. Aggtelek. 50 Homburg. 51 U.
235 *Bukovics,* Karl, Husz. Rittm. A. England.
236 **Bulharyn,** Georg. Pole. Brig. *General* d. poln. Legion. 49 T.
    Kiutahia. Jezt England.
237 *Burgula,* Stef., Leg. 62 Dp. Crema.
238 *Burhard,* Julian, Pole. 49 Honv. Hptm. 50 T.
239 *Burighi,* Alex., Fiumaner. 60 Garibaldist. Leg. Oberl. Jezt
    Fiume.
240 *Burmann,* Baron..... 49 Oberl. 50 T. R.....
241 **Buski,** Jos., Pole. 60 Garibaldist. 61 Leg. Lieut. 62 Dem. Dann
    bei Fürst Crouy Chanel. † 63, auf dem Schlachtfeld in Polen.
242 *Buzino,* Lor., Husz. 51 A.
243 **Bystrzanowski,** ..... *Obrist* d. poln. Leg. 50 Schumla...
244 **Bzikowski,** Thadäus, *Obristlieut.* d. poln. Leg. 50 Schum-
    la.....

245 **C**apri, Giulio, Aus Venedig. Gemeiner. 61 Leg.
246 *Carolus,* Ed., Leg. 62 Dp. Crema.
247 *Cintula,* Math., 60 Garibaldist. 61 Leg. Wachtm. 63 Turin.

228 *Clair*, Béla. v. Clairmont. k. k. Husz. Lieut. 49 Husz. Lieut. 61 Husz. Oberl. in Aqui. 62 Dem.

249 *Clementi*, Lad., Leg. 63. *, Ankona.

250 *Clueri*, ... England.

251 **Collin,** Lud. v. Collstein. 48 Hptm. 49 T. R. † 54 als k. türkischer *Obristwachtmeister.*

252 **Cornides,** Ludwig, Bürgermeister. *Major.* 49 KK. Hamburg. London. 56 U.

253 *Crüwell*, Kornelia, geb. Müke. Enkelin des G. A. Wimmer Jezt Ceylon.

254 *Csajkovzky,* Mich., Poln. Agent. Konstantinopel 50.

255 *Csákò,* Karl, 60 Garibaldist. 61 Leg. 63 Turin.

256 *Csákò,* Georg. k. k. Gemeiner. 63 in Polen Lieut.

257 **Csáky,** Graf Lad. *Erbobergespann der Zips.* Geb. 1820. 49 England. 54 nach U. 61 Reichstagmitglied.

258 *Csapkay*, ... Lieut. KK. 50 A.

259 *Csapò,* Joh., Leg. 63 *,Ankona.

260 *Csató,* Aurel. 62 Leg. Husz. Lieut. 63 Konstantinopel. 64 arretirt in Oestreich.

261 *Csejdi*, Pet., Leg. 63, *,Ankona.

262 *Csejtey*, Ludw., k. k. Lieut. 61 Leg. Lieut. in Aqui. 62 Dem. Jezt Pest.

263 *Cseke,* Joh., Leg. 62 Dp. Crema.

264 *Cselédi*, Pet., Leg. 62 Dp. Crema.

265 *Cselle,* Joh., Leg. 62 Dp. Crema.

266 *Csepregi,* Jos., 60 Gáribaldist. 61 Leg. 63 Turin.

267 *Csere*, Nik. Leg. 62 Nov. an Oestreich ausgeliefert; zurükdesertirt nach Crema.

268 *Cserépi*, Stef.. 49 Honv. 51 A. Zimmermann in Neworange. 62 nach U.

269 **Csermelyi,** Jos., 49 Oberl. 50 Eingereiht. 51 desertirt in Hamburg. 52 A. 62 amerikanischer *Hptm.* 63 Gefangner in Cuba.

270 **Csermelyi,** ... Gen. Stabs-*Major*...

271 *Csernátoni Cseh,* Imre, *Dollmetsch.* geb. 1805. † 52 Konstantinopel.

272 **Csernátoni Cseh,** Ludwig, geb. 1825. 48 *Redakteur.* 49 Paris. 60 Garibaldist. 61 Hpt.-Auditor in Aqui. Jezt Turin.

273 *Csia*, Ign... Amnestirt heim, Siebenbürgen.

274 *Csia,* Farkas,.. Amnestirt heim. Siebenbürgen.

275 *Csillag*, Josef... A.

276 **Csink,** Joh., Nat. Garde. Kapitän. 49 KK. London, Englischer *Schriftsteller.* Lehrer. 58 U. 64 Kaschau.

277 *Csink* ... geb. Engländerin. 64 Kaschau.
278 *Csiszár*, Frz., 60 Garibaldist. 64 Leg. Wachtm. 62 *, Ankona.
279 *Csiszelszky*, ... Hptm. KK. 50 A.
280 *Csomortànyi*, Alois, Hpt. 49 T.... A?
281 *Csomortànyi*, Ludwig, Major. 49 T. 51 A. Kalifornien.
282 *Csomortànyi*, ... 47 Schweizer Sonderbund. 49 U. 50 T.
283 **Csudafy,** (Wunder v. Wundersfeld) Mich., k. k. Lieut. 49
Major. 60 Garibaldist. 61 k. italienischer *Oberst.* In Dispon.
284 *Csupovada*, Joh.. Honv...
285 *Csutor*...
286 **Czapkay,** Dr. Imre. Reg. Arzt. 50 T. Persien. Afrika. 56
Arzt in Filadelfia, A. 62 Arzt in Pest. U.
287 *Czapkay*, Joh., Apotheker. 49 T. Italien. — 62 gesucht.
288 *Czekme*, Andr. Leg. 62. Dp. Crema.
289 *Czelder*, Martin, ref. Missionär. 61 Bukarest.
290 *Czernik*, Ign. Pole. Obristl. d. poln. Legion. 49 T. Paris.
291 **Czetz,** Johann. *General.* Geb. 1822. 48 Bem's Stabschef. In
Ungarn versteckt. 50 Hamburg. England. Schweiz. 59 Italien.
60 Spanien. Jezt Buenos-Ayros.
292 **Czetz,** Elvira, geb. Rosas, Präsidentenschwester, Buenos-
Ayros; Generalsgattin.
293 *Czetz*, Stef. k. k. Oberl. 60 Garibaldist. 61 k. ital. Hptm. Crema.
294 *Czillinger*, ... Oberl. 50 T. R. † 57, Palota, U.
295 *Czinser*, ... Hptm. 49 T.
296 *Czirjék*, Ad. 48 Rittm. 49 T. R. Konstantinopel. 60 Leg. Hptm.
† 62, in Neapel.
297 *Czuczor* ... Lieut. KK. 50 A.
298 *Czviàn*, Anton. Leg. 62 Dep.
299 *Czviàn*, Stef. Lieut. in Cuneo. 63 arretirt wegen Unterschleifs.
300 *Czviàn* ... Leg. Lieut. 61 arretirt in Genua †.

301 D*aleba*, Georg., Leg. * 63, Ankona.
302 **Danburghy,** E. Th. *Major.* Geschäftsträger bei d. Vereinsstaaten. 49 Ungarn; Newyork, Australien, † 50 London.
303 **Dancs,** Ludv. Hptm. 49 T. R. April 51 arretirt Konstanti-
pel. England. Amerika. 57 U.
304 *Danday* ... 61 Dep. Lieut. Aqui. 62 Dem. U.
305 **Danielisz,** Jos. 49 Oberst. T. 50 U, 10 Jahr Josefstadt. † 61 U.
306 *Daridai*, Joh. 49 Honv. 61 Oberl. Aqui. 62 Dem. 63 U.
307 *Darvas* ... Lieut. in Cuneo, 63.

308 *Darvasy* ... Lieut. London. Dep.

309 *Dávid*, El. Leg. Wachtm. 62 Dp. Crema.

310 *Deák*, Krist. 49 Honv. 61 Lieut. in Aqui. 62 Dem. 63 Cuneo 64 U.

311 *Debreczenyi*, Ign. 49 Honv. Oberl. 50 A. Schneider in Newyork.

312 *Debreczenyi*, Jos. 49 Lieut. 50 A. 57 U.

313 *Debreczenyi*, Samuel.

314 *Décsy* (Epaminondas) ... Grieche. 48 Hptm. 49 T. 51 England.

315 **Décsy**, Ed. 49 Hptm. 62 A. *Amerikanischer Major.*

316 **Dembinsky**, Heinrich. *General-Oberkomm.* Geb. 1791. 49 T. 50 Schumla. 51 Brussa. Jezt Paris.

317 **Dembinsky**, Graf Theodor. 48 *Major.* 49 T. Kiutahia. 51 A., Zigarrenhändler, Newyork. † 58 in Cincinnati.

318 **Dembinsky**, Gräfin Louise, geb. *Dadányi.* 49 T. Widdin-Kiutahia. 51 A.

319 **Dempfwolf**, ... 49 Verpflegsoff. 50 T. R. Konstantinopel...

320 *Dénesi*, Alex. Leg. 62 Dp. Crema.

321 *Dényesy* ...

322 **Dereczky**, Stefan, Hptm. 49 T. R. türkischer *Major.*

323 **Derra**, Konst. v. Moroda. K. k. Lieut. 49 Hamb. 50 Prozess Beck in London. 56 U.

324 **Dessewffy**, Dion. v. K. k. Lieut. 48 aus Prag mit L v. Sréter die Eskadron bringend; 49 Rittm. Verwundet. 50 KK. Hamburg. 51 Genf Uhrfabrikant. 55 U.

325 **Dessewffy**, Adele, geb. Jourdan. Genf.

326 *Dézel* ... Lieut. KK. 50 A.

327 *Dézsy*, Georg. Major 49 T.

328 *Dietrich* ... Frankreich ...

329 *Dietrichstein* ... London, 63, verurtheilt ...

330 **Diméuy**, Jos. Geb. 1785. 49 ref. Pred. in Felvincze, 51-54 ref. Prediger in Bukarest. An Oestr. ausgel. † 55 im Kerker in Siebenbürgen.

331 **Diösy**, Martin. 48 *Präsidialsekret.* 49 KK. 50 England. 54 Russland. 56 London, Kaufmann.

332 **Diösy**, Léonie, geb. Müller. Vermählt 55, London.

333 *Diòsy*, Arthur; Sohn. Geb. 1856, London.

334 **Diószeghy**, Baron Béla. 48 Husz. Lieut. 61 Lieut. in Aqui. 62 Dem. 63 U.

335 **Diószhegi**, Baron Géza. 48 Husz. Lieut. 49 T. 50 A. 53 U.

336 *Diószhegi*, Dav. Leg. 62 Dp. Crema.

337 *Dittmar* ... Frankreich ...

338 **Divicsek**, Georg. Major. 49 T. R. jezt türkischer *Oberst.*

339 *Divicsek* ... Majorsgattin. 49 T. ...

340 **Dobay,** Karl. 49 Husz. Rittm. 59 k. k. Huszàrengemeiner. Desertirte bei Magenta. Bei Napoleon III. 60 *Rittm.* d. k. ital. Piac. Huszàren.

341 *Dobokay*, Josef ... † Konstantinopel.

342 *Dobokay* ... Frau. Konstantinopel.

343 *Dobozy*, Imre. Gemeiner. 51 A, dort Taglöhner.

344 **Dobozy,** Pet. 59 k. k. Unteroff. 60 Garibaldist. 61 Lieut. d. Piac. Husz. 63 A. Amerikanischer *Oberst.*

345 *Dobra*, Mich., 60 Garibaldist. 63 * Ankona.

346 **Dollesz,** Jos., 49 k. k. Unteroff., desertirte mit Türr bei Buffalo. 54 nach Oestreich 60 k. k. Husz. Rittm. quitt., zu Türr 61 Leg. Rittm. 62 A.

347 *Domàn*, Jos., Leg. Wachtm. 63 *, Ankona.

348 *Dombi*, Jos., k. k. Gemeiner. 49 Husz. Wachtm...

349 *Dombory*, Dr. Karl, 62 Leg. Arzt. 64 Turin.

350 *Dombrovsky*, ... Pole. Lieut. d. poln. Leg. 49 T...

351 *Domokos*, Ludw., Leg. 62 Dep. Crema

352 *Donàth*... Lieut. 61 im Kerker von Genua.

353 **Dösn,** Alex., Prof. d. Rechte. Mitgl. d. ungr. *Akademie*. Geb. 1803. 49 T. 52 U.

354 *Dózsa*, Dem. 49 Honv. Lieut. 50 Bukarest, Wirth. † dort 57.

355 *Döbröntey*...

356 **Dömötör,** Joh., geb. 1803. Husz. *Major.* 49 T. 51 A. Seit 54 Commissioner of Emigr. Newyork.

357 **Drahos,** Ernö., Blutrichter. 51 A. Farmer in Jowa.

358 **Draskovics,** Graf Karl, *Gesandter in Rom*. 50 Schweiz. 51 U.

359 *Draskovics* (?) Graf (?) ... k. k. Kadet. Desertirt. 63 unter Lapinski, Malmö.

360 *Duberka*, Sim., Leg. 62 Dp. Crema.

361 **Dudàs,** Joh., Kath. Reg. *Priester.* 49 T. Englischer Prediger London, Konstantinopel. — † 60, Bukarest, im Irrsinn, nachdem er in diesem Zustand wieder katholisch geworden.

362 *Duhek*... Lieut. 49 T.

363 *Duka*, Frz., 61 Leg. Rittm.

364 **Duka,** Dr. Theodor, geb. 1826. Advokat. 49 Hptm. 50 London. Seit 54 *englischer Regimentsarzt* in *Ostindien.*

365 *Duka*... Frau. Engländerin. Seit 61 London.

366 *Duka*... Tochter. † 61, Egypten.

367 *Duka*... Sohn, seit 61, London.

368 **Dunka,** Wadimir, Walache. K. k. Lieut. 60 Garibaldist. 61

Leg. Hptm. entlassen. 62 A. † fiel als amerikanischer *Hauptmann*.

369 *Dunyov*, Ant., Oberl...

370 *Dunyov*, Jos., Bulgare. 49 Hptm. 61 Legionsgemeiner. Seit 62 beim Bruder in Asti.

371 **Dunyov,** Stef., Bulgare. 49 Obristl. 50 zu 10 Jahr verurtheilt. 59 Italien. 60 Garibaldist. *Oberst.* Verlor Fusz bei Volturno. 64 Invalidenhaus, Asti.

372 *Duray*, Frz., Leg. 62 Dp. Crema.

373 **Dzwonkowski,** Ed., Pole. 48 *Honvédmajor.* 49 T. 51 Paris. Brüssel. 56 nach Galizien, eine Polin heurathend.

374 **Eber,** Ferd., 48 *Minist. Sekr.* 50 England. 55 Korrespondent der *«Times»* in der Krim. 60 bei Garibaldi. *Brigadier* und Reporter. 64 London.

375 **Eberhardt,** Karl, Böhme. K. k. Trompeter. 49 Honv. Oberl. 50 T. 51 London. 60 bei Garibaldi *Oberst.* 62 bei Aspromonte gegen Garibaldi als k. ital. Oberst.

376 *Ecsedy...* Leg. Hptm. 61 Dep. nach. A.

377 *Egan*, Karl, Engländer. 49 Honv. Hptm. 62 Lehrer in Genf.

378 *Egaszy*, Ludwig...

379 *Egressy*, Akos, k. k. Off. 48 Honv. 61 Husz. Oberl. d. Dep. 62 Dem. Jezt Ankona.

380 **Egressy,** (Galambos) Gábor. Geb. 1808. *Erster Tragöde ungr.* Bühne. 48 Reg. Komm., 49 T, Major in Schumla, 52 U.

381 *Egry* ... Oberl. KK. 50 A.

382 *Ehrlich*, Isaak. 49 Honv. 51 London ...

383 *Eichenrausch*, Ferd. k. k. Kavallerist. 49 Artillerist...

384 *Eichler*, Konrad, 49 Lieut. d. deutschen Legion in Ungarn. 51 A.

385 *Elekes*, Georg, 61 Lieut. in Aqui. 62 Dem. 63 U.

386 *Endrényi*, (Ebner) Frz., 48 Honv. 61 Lieut. in Aqui. Jezt Brasilien.

387 *Endrödy* ... Oberl. 49 T ...

388 *Englert*, Lad. Pole. Major d. poln. Legion. 49 T...

389 *Eördögh*, Karl. Schiffskapitän. 61 Hptm. in Aqui. 62 Dem. Jezt Genua.

390 **Eötvös,** Josef, Baron. Geb. 1813. 48 *Minister.* 49 München. 50 U. Ungrischer Publizist; Romanschriftsteller. 61 Führer der Adresspartei am Reichstage. *Vizepräsident* d. ungr. *Akademie.*

391 **Eötvös,** Baronin Agnes; geb. v. *Rosty.* 49 München. 50 U.
392 *Eötvös,* Michael ...
393 *Ercsics,* Joh., k. k. Soldat. 49 Honv...
394 **Erdélyl,** Ign. Kaplan in Neograd. 49 ausw. jezt kath. Missionär zu Liu-Lu in China.
395 *Erdös,* Gàbor. Unteroff. 49 T ...
396 *Ernst,* Fritz. Wiener. 49 Jägerhptm. Seit 51 Kalifornien.
397 *Ertkenker,* Felix. 49 Honv. Lieut. 51 London.
398 *Essenyi,* ... Oberl. KK. 50 A.
399 **Esterházy,** Graf Paul. Geb. 1805. k. k. Kämmerer. 49 *Husz. Oberst.* Mitunterzeichner der Kapitulation Komorns. Hamburg. London. 53 U. 55 sich daheim vermählend. Soll 64 wieder arretirt sein.

400 **F**ábian, Johann...
401 *Fabry...* Oberl. KK. 50 A.
402 *Fani,* Lor., Leg. 62 Dp. Crema.
403 *Farkas...* Hptm. Australien.
404 **Farkas** (Lupy) Georg, 48 Honv. 60 Leg. *Major* d. Jäger. 63, *, Ankona,
405 *Farkas,* Joh., Honv...
406 **Farkas,** Ludw... A. Farmer in Jowa.
407 **Farkas** (Wolf)... 49 Hptm. T. R. Jezt türkischer *Major.*
408 **Farkas...** *Obrist.* 49 Widdin. Mit Hauslab nach U.
409 **Fáy,** Klementine; geb. *Ujházy.* 50 A. 56 U.
410 *Fecske,* Jos...
411 *Fegyveresy...* Unteroff.
412 *Fehér,* Alex., Honv...
413 *Fehér,* Andr., 60 Garibaldist. 63 Leg. Turin.
414 *Fehérvàrg,* Joh., Leg. Stabsfourrier. 63 *, Ankona.
415 *Fehre.,.* Canada.
416 *Fehre...* Frau. Canada.
417 **Fejér,** Christ. Fr. Geb. 1818. k. k. Feldw. 48 desertirt. 49 Italien und Schweiz. 55 Kais. franz. Feldw. Krim. 57 Fremdenlegion in Afrika. 59 franz. Unteroff. verwundet bei Magenta, Medaille, 60 Garibaldi. 62 Leg. *Oberl.* 63 quittirend. Turin.
418 **Fejérvàry,** Nik. v. Honter *Reichstagdeputirter.* 52 A. Farmer in Jowa.
419 **Fejérvàry,** Sarolta, geb. *Kàràsz.* 52 A.

420 *Fekecs*, Stef., Honv. 51 A.

421 *Fekete*, Alex.. Leg. 62 Dp. Crema.

422 *Fekete*, Alex., 49 Honv. 50 A.

423 **Fekete**... 49 Honv. 62 *Gardist in kais. chinesischen Diensten* 63 zurück nach Debrezin. U.

424 **Felegi**, Karl. 62 Leg. Lieut. d. Husz. 63 quitt. Walachei. 64 auf dem Zug nach Polen arretirt in Oestreich.

425 *Fellnera*, Joh., Honv...

426 *Fereczy*... Wachtm...

427 *Ferni*, Gaetano Honv...

428 *Ferencz*, Jos., 61 Lieut. in Aqui. 62 Dem. 63 U.

429 **Finla**, Joh., Gen. Stabs Major, Bem's Sekr. 49 T. R. Aleppo. 54 A. 61 amerikanischer *Oberst* und Stabschef Fremonts. Jezt St-Louis.

430 *Fifik*, Jos., Ungrische Legion in Piemont. 59.

431 *Figuli*, Frz., 49 Honv. 60 Leg. Lieut. dann Cuneo. Jezt Genua.

432 **Figyelmesy**,(Merk) Filipp.Fleischer. 49 Major.T. Kiutahia. 51 London. Als Emissär dreimal in Ungarn arretirt entkommen. 60 mit Garibaldi. 61 Leg. Obristl. 62 A. Amerikanischer *Oberst*. Stabels *Generalstabschef*. Soll 64 in Wien arretirt sein.

433 *Figgelmesy* .. Oberstengattin. 60 Italien. 62 A.

434 *Filba*, Josef. .

435 *Filezesy*, (In Türr's Biografie erwähnt).

436 *Fintai*... Honv. 51 Kalifornien.

437 *Fircsa*, Joh., 49 Honv. T. 60 Garibaldi. 61 k. ital. Lieut. 62 Leg. Lieut. 63 *, Ankona.

438 *Fischböck*, Hermann, Hptm. d. Wiener Legion in Ungarn. 49 T·

439 *Fischer*... London. Ostende.

440 *Fischer*... Major. 49 T...

441 **Flügel**, Heinr., Wiener. k. k. Lieut. 59 in päpstlichem Dienst 60 Garibaldist. † 1. Okt. zusammengehauen bei Sta Maria.

442 *Fodor*, Joh., Honv...

443 *Fogel*, Fritz, 60 Garibaldist. 63 Leg. Wachtm. Turin.

444 **Foktner**, Jos., *Major*. 49 T. Schumla. 51 A.

445 *Foktner*... Majorsgattin. 49 T. 51 A.

446 *Fontana*. Dr... 49 T...

447 *Forgács*, Mich.. k. k. Lieut. 60 Genf.

448 **Fornet**, Cornel, *Major*. 50 Leipzig. 51 Kalifornien. Goldgraber. 62 Tokaj, U.

449 *Fornet*... Majorsgattin. 51 Kalifornien.

450 *Fothy*, Georg, Lieut. 51 A.

451 *Földváry*, Alex, Art. Lieut. T. Jezt Paris. Kommissionar.

452 *Földváry...* geb. Pollak. Paris. Handschuhfabrik.
453 **Foldváry,** Karl v. Einäugig. 49 *Oberst.* 50 verurtheilt. 59 Genf. Seit Nov. 62 Kommandant der ungrischen Legion in Italien. 63 *, Ankona.
454 *Förster...* Lieut. KK. 50 A.
455 *Franchi...* Triester. Wachtm...
456 *Francisci*, Kas. Oberl. 49 T. 51 U.
457 **Fràter.** Alois, Hptm. 49 T. 51 mit Kossuth nach A. dort Wirth. 56 ohne Amnestie zurük. † Ungarn...
458 **Fraynd ...** Pole. Isr. 49 Hptm. T. R. 50 Bosnien. Jezt türkischer *Obristl.*, Pascha.
459 *Freudecker ...* Honvéd ...
460 *Freund,* Jos., k. k. Oberl. 47 A. Weinhändler Newyork.
461 *Frey ...* als Schriftsteller *Oskar Falke.* Wiener Student. 49 U. 50 Deutschland.
462 **Frics,** Gustav, k k. Lieut. 49 Genie *Major.* T. R. 50 Bosnien. Jezt türkischer *Obristl.*
463 **Frigyesy** (Sutàk) Gustav. 60 Garibaldist. *Goldmedaille. Obristl.* 61 Leg. Obristl....
464 **Frigyesy,** Lud., Geb. 1812 k. k. Lieut. 48 Hptm. 50 verurtheilt zu 5 Jahr. 54 nach London. Jezt Kopenhagen.
465 *Fülöp ...* Legion Komm. 49 T. Widdin; entkam mit Pass. Paris.
466 **Fülöp,** Leopold. Reg. K. Reichstagdeputirter, Amnestirt, U.
467 *Fülöp,* Pilipp., Richter. 50 zu 14 Jahr verurtheilt. 55 amnest. 56 A.
468 *Fülöpp,* Jos., Honvéd....
469 *Fülöpp,* Pet., Lieut. 49 T. 51 A.

470 **Gaal,** Dr. ... Stabsarzt. 49 T. R. † in Bosnien.
471 *Gaal,* Joh. Unteroff....
472 *Gàbos ...*
473 **Gàl,** Alex., v. K. k. Oberl. 48 Major.49 *Oberst.* KK. London. Konstantinopel. 59 Italien. 60 in päpstlichen Diensten....
474 **Gàl ...** geborne Benkö. Oberstengattin. London. ⌐
475 **Gàl,** Gustav., k. k. Husz. Oberl. 49 *Major.* 50 Brüssel. 51 U. Gratz.
476 *Gàl,* Andr., Ungrische Legion in Piemont, 49; jezt Off. A. Ohio.
477 *Galicz,* Julius. Wachm. 49. T. 60 Leg. Lieut. Turin....
478 *Galicz ...* Lieut. Gattin. Polin....

479 *Ganz*, Stef., Honvéd.
480 *Gasparofski*, Wenzl.. Leg. Oberl. d. Jäger seit 62.
481 **Gellics,** Richard. K. k. Lieut. 49 *Major* im Kriegsmin. 50
Brüssel. 51 London. Englischer *Schriftsteller. Obristlieut.* d.
engl. Fremdenlegion. 60 U. Redakteur, Temesvàr.
482 **Gellics** ... Obristlieut. Gattin. Brüssel. London.
483 **Gellich**, Achill. Ritter v. 62 Leg. Hptm. der Jäger. *, Ritter des Savoyer Orden.
484 **Gerando,** Auguste de. Geb. 1819. Aus Lyon. 41 ungrischer
Indigena, eine Teleki heurathend. Gutsbesitzer in Siebenbürgen. Französischer *Schriftsteller* über Ungarn. 49 nach Dresden, † dort 50.
485 **Gerando,** Emma v. geb. Gräfin *Teleki.* Geb. 1811. 49. Dresden. 56 Paris.
486 *Gerando*, Attila, Sohn. Erzogen von Irànyi. Paris.
487 *Gerando*, Antonie, Tochter. Paris.
488 *Gergely* ... Unteroff. Dollmetsch d. preuss. Gesandtschaft.
Konstantinopel.
489 *Gersovicz*, Joh. ... A.
490 **Gerster,** Anton.. Pionir Oberl. 51 A. Baumeister in Neworange. Amerikanischer *Hauptmann.*
491 **Ghirczy,** Joh. 49 Hptm. 50 U. Kaffeesieder. 60 Leg. *Major.*
63 *, Ankona.
492 *Ghirczy* ... Majorsgattin. Aus Steiermark.
493 *Gircza,* Georg. Honvéd....
494 *Glabacsnik*, Josef....
495 *Glosz* ... Oberl. 49 T...
496 *Glosz* ... Major. 49 T...
497 *Globotschnigg*, Jos. Lieut. 49 T...
498 **Glück,** Dr Isidor. Husz. *Oberarzt.* 49 K. K. 50 A. 51 London. 55 Wien.
499 *Goldmann* ... Aus Preszburg.
500 *Golcsewsky* ... Pole. Lieut. d. poln. Leg. 49 T.
501 *Goldstein*, Jos. Pole. Wachtm. d. poln. Leg. 49 T.
502 *Gombàs* ...
503 *Gombos*, Ad. Leg. 62 auf 42 Monate nach Sardinien deportirt.
504 **Gorove,** Stef. v. Mitgl. d. ung. *Akademie.* Geb. 1819. Reg.
Komm. 49 T. 50 Schweiz. 51 U. 61 Mitglied d. Reichstages.
505 *Gorszki*, Xaver. Pole. Lieut. KK. 50 A.
506 **Göcze,** St. 60 Garibaldist. 61 Oberl. in Aqui. 62 Dem. Jezt
Brasilien.
507 **Goergei,** Arthur. v. Geb. 1818. *F. M. L.* 49 *Diktator von*

2

Ungarn. Seither in Klagenfurt internirt. Deutscher Schriftsteller, Sprachlehrer.

508 **Gœrgel,** Adèle, geb. Aubouin. Französin. Klagenfurt.

509 *Grabacsics,* Joh. Artillerist... A.

510 **Grabowleckl,** Hyazinth. Pole. Art. *Obristlieut.* d. poln. Legion. 49 T. Jezt Frankreich.

511 *Grafberger,* Frz. 49 Honv. Lieut. 50 Walachei. 51 Leg. Oberl. 63 *, Ankona.

512 *Grafberger,* Anna, geb. ... Oberl. Gattin. Ankona.

513 *Grafberger,* Frz., 51 Art. Zugführér der Legion.

514 *Grafberger,* Karl. 64. Leg.

515 *Graner,* Ludw. Lieut...

516 *Grattke,* Dr. ... 49 T. R. Apotheker in Monaster.

517 *Gray,* Wilh. Lieut. in Cuneo, 53.

518 *Grecsák* ...

519 **Grehenek,** Georg. Hptm. 49 T. 51 mit Kossuth. 62 † an den Wunden als amerikanischer *Kapitän,* in Williamsburg.

520 **Grimm,** Vincz. 49 *Bankinspektor.* T. Mohamedaner. Aleppo. Deutscher *Dichter.* Jezt Konstantinopel. Europäische Schachberühmtheit.

521 **Grißzn,** August. Hptm. KK. 50 A. 60 Paris. Advokat.

522 *Grisza* ... geb... geschiedene Gyurmàn. 49 T. 51 A. 60 Paris.

523 *Grisza* ... Sohn. Paris.

524 *Grisza* ... Tochter. Paris.

525 **Grochowalskl,** Ad. Pole. *Geniemajor* d. poln. Legion. 49 T.

526 *Gronovszky,* Mart. K. k. Oberl. 61 desertirt aus Riva. 61 Oberl. in Aqui. 62 Dem. Jezt Bern.

527 **Grosslnger,** Karl. Geb. 1830. 49 Oberl. 50 Eingereiht ins k. k. Militär. 51 desertirt in Hamburg, nach A. Jezt Kaufmann in Newyork.

528 **Grosslnger,** Karl. 49 Jägerlieut. 50 T. 51 A. Jezt amerikanischer *Kapitän.*

529 *Grosz* .... Hptm. 49 T. R. 50 Bosnien. 57 Zurük nach Groszwardein U.

530 *Gruber,* Jos. Unteroff. 49 T. 51 A.

531 *Grün,* Ludw. Wachtm. 49 T. 51 A.

532 *Grüner,* Jos. Ungrische Legion in Piemont, 49.

533 *Gulyai,* Stef. Leg. 62 Dp. Crema.

534 **Guyon,** Richard, Graf. Geb. 1812 in England. Ungrischer *General.* 49 T. « *Korschíd Pascha* ». 55 türkischer Kommandant in der Krim. † 56 Konstantinopel. Nicht Renegat.

535 Guyon, Gräfin ... Geb. Baronesse *Splényi*. Konstantinopel. Paris.

536 Guyon, Graf. Viktor. Sohn. 60 Garibaldist. 61 Leg. Lieut. angeklagt in Parma; freigesprochen. † 62, erschoss sich in Paris.

537 *Guyon.*

538 *Guyon.*

539 *Güggenheim...*

540 *Gyàrfàs*, Greg. Leg. 62 Dp. Crema.

541 *Gyergye*. Gàbor. 49 Honvéd. 61 Hptm. in Aqui. 63 U.

542 *Györfi* ... Lieut. 49 T.

543 *György*, Jos. 49 Lieut. 61 Lieut. in Aqui. 62 Dem. 63 U.

544 Gyrn, Frz. 59 k. k. Lieut.,quitt. 60 bei Garibaldi. 61 Rittm. d. k. ital. Armée.

545 *Gyulay* ... Oberl. 61 sechs Monat Kerker in Genua.

546 Gyurmàn, Adolf. 49 Redakteur des « *Közlöny* » T. 51 A.

547 H...*er*, Ignàz. Aus Fünfkirchen. 54 nach Iowa (Xàntus).

548 *H*...*er* ... Frau, geb... 54 mit Mann und Kindern nach Jowa, A.

549 *Haas*, Dr. ... Hptm. 49 K. K. Hamburg. 50 A.

550 *Habersack* ... Gemeiner d. poln. Legion. 49 T.

551 *Hagen*, Ign. 48 Lieut. 49 T. 60 Leg. Lieut. 63 *, Ankona.

552 *Hagen*, Sàri. Lieut. Gattin. Ankona.

553 *Hagymàsi*, Stef. Leg. 62 Dp. Crema.

554 **Hahn,** Sigm. Hptm...

555 **Hajnal,** Jos. Geb. 1775. 48 Oberrichter in M. Vàsàrhely; seit 49 in Bottusàn, Moldau, berühmter Pomolog und Jäger.

556 **Hajnal,** Rosa. Dessen Tochter. Opfer der Konspiration des Makk. 54-57 in Josefstadt; Kerker. Seit 58 beim Vater,Moldau.

557 **Hajnik,** Paul v. Geb. 1808. 48 *Landespolizeichef.* 49 T. Widdin, mit Pass entkommen. London. 51 mit Kossuth A. Paris. 58 U. Jezt Bodenkredit-Repräsentant.

558 **Hajnik,** Henriette v. geb. *Regenhart.* Gattin. Paris. U.

559 *Hajnik*, Pauline v. Tochter. Paris. U.

560 **Halàsz,** Ign. 49 Hptm. 60 Garibald. 61 Leg. Hptm. d. Jäger. 64 Soll auf dem Zuge nach Polen in Oestreich verhaftet sein.

561 *Halàsz*, Jos. Major. 49 T. 51 London. 52 Jersey. 56 U.

562 **Halàsz,** Konrad. 60 Leg. *Major.* 61 im Kerker von Genua. 62 Paris. 63 U.

563 *Halászy*, Abr. 59 k. k. Husz. Korporal. 61 desertirt nach Italien. Seit 62 Husz. Lieut. d. Legion.

564 *Halik*, Filipp. Honvéd...

565 *Halmay*, Sim. Leg. 62 Dp. Crema.

566 *Hamar*, Alex. Leg. 62 Dp. Crema.

567 *Hammerschmied*, Joh. Honvéd...

568 **Hámory** (Doppelhammer) Ed. 49 Lieut. 50 T. Kaufmann. 60 Lieut. in Aqui. † Sept. 61 in Alessandria.

569 **Hámory,** Marie, geb. *László*. Lieut. Gattin. Geschieden seit 55. Marchande de mode in Konstantinopel.

570 **Hamvasy,** Imre. *Major.* 49 KK. 50 A. 51 von Oestreich in Effigie gehangen. Jezt Musiklehrer in Newyork.

571 *Hanneker*, Frz. K. k. Lieut. 59 desertirt. 60 Leg. Lieut. 63 Cuneo.

572 **Haraszti,** Arpád. Aus Bácska. 57 nach San Francisko zu seinem Bruder.

573 *Haraszti*, Joh. 60 Garibaldist. 61 Leg. Fourrier. 63 *, Ankona.

574 *Harcsányi*, Joh. Pole. k. k. Inf. 49 Artillerist...

575 *Harczy*, Gábor. Oberl. 51 A. Schauspieler und Arzt.

576 *Harezy*, Sámuel...

577 *Harczfy* ... Oberl. 49 T. Kiutahia...

578 *Hartmann*, Jos. Huszár...

579 *Haszlay*, Fritz. Seit 62 Leg. Lieut. Jäger.

580 *Haszlinger*, Alex. Wiener. 60 Garibaldi. 61 Oberl. in Aqui. Entlassen.

581 *Hatschek*, Markus. Mährer. 49 Honvéd. 50 U. 63 Paris. Isr.

582 *Hatos* ... Beamter aus Baranya, 49 T...

583 *Hauer* ... Komitatsbeamter. 49 T...

584 **Hazay** ... Hptm. 49 T. Widdin, *Redakteur.* R Aleppo. 50 Bosnien. † 60 Konstantinopel.

585 *Hazay*, Frz. Leg. 62 Dp. Crema,

586 **Házmàn,** Frz. *Ministerialrath.* Bürgerm. Ofen. 49 T. Kiutahia. 51 A. Weinhändler Newyork. 63 U.

587 **Házmàn,** ... Frau, geschiedene Gattin des Stef. Kovács. A. 63 U.

588 *Héderváry*...

589 **Hegyessi,** Frz. 49 Hptm. 59 Gemeiner der k. k. Pal. Huszáren, desertirt bei Magenta. 60 Leg. *Major.*

590 *Hegyi* (Guggenberger) Leop. k. k. Hptm. 61 desertirt. 62 Leg. Hptm. d. Jäger. 63 Dem. Jezt Turin.

591 *Hegyveresi*, Frz. Unteroff. 49 T...

592 **Hellprin,** Michael. Geb. 1823. Pole. 42 nach Ungarn. 48

Minist. Konzipist. 49 Hamburg, Brüssel, Paris. 50 U. Buchhändler. 56 A.Filadelfia : Buchhändler. Englischer *Schriftsteller.* Redakteur. Isr.

593 *Heiner...*

594 **Heinzmann,** Dr. ... 49 T. Seit 62 Oberarzt d. Leg. Turin.

595 *Heinzmann ...* Oberarztgattin. Polin. Turin.

596 **Helfy,** Dr. Ign. Geb. 1829. 49 *Journalist.* 50 verurtheilt. 51 Pest. 53 Wiener Universität. 55 Italien. 56 Professor in Mantua. 60 verbannt. 62 *Redakteur* der « *Alleanza* », Mailand. Ungrischer *Romanschriftsteller.*63 Mitglied d.Unabhängigkeits-Komité. Isr.

597 *Helley*, Stef. Hptm. 49 T.

598 *Helyes ...* Honvéd.

599 *Hencz ...* Hptm. 49 T.

600 *Héncz*, Jos. 60 Garibaldist. 61 Leg. 63 *, Ankona.

601 *Heney*, Stef. Unteroff. 49 T.

602 **Henszlmann,** Dr. Jmre. Geb. 1813. Mitglied der ungr. *Akademie. Architekt.* 49 Paris. Ungrischer und französischer archit. *Schriftsteller.* 51 U. 63 Paris. 64 U.

603 *Henzenberger*, Wilh. Lieut.

604 *Hentes*, Géza. 60 Garibaldist. 61 Leg. Wachtm.

605 *Herczeg...*

606 **Herczeghy,** (Fürst) Moriz, Garibaldi's Arzt. Italienischer. Leg. Arzt. Turin. Isr.

607 **Hermann,** Adolf, 49 Lief. 58 †, ging mit der «Austria» auf offner See zu Grunde.

608 **Hermann...** Frau, 58 † mit der Austria.

609 *Hermann*, Johanna.
610 *Hermann*, Ludmilla.
611 *Hermann*, Gustav.
612 *Hermann*, Lucia.   } †, 58, 13. Sept. mit der «Austria» ver-
613 *Hermann*, Georg.   sinkend, 7 Kinder.
614 *Hermann*, Hermann.
615 *Hermann*, Aurel.

616 *Hermanovszky*, Karl, Leg. 62 Dp. Crema.

617 *Hertelendy*,Nik. v. Stuhlr. 54 Brüssel. 55 U.

618 *Hertelendy* .. Hptm. 49 KK. 50 A.

619 *Hertskovics*, Jos., Leg. 62 Dp. Crema.

620 *Herzer*, Jos., Honv. Wachtm...

621 *Hetényi*. Imre, 60 Garibaldist, Lieut...

622 *Hetényi*, Stef., Leg. 62 Dp. Crema.

623 *Hevesy*, Géza, (Nik. Tob.) k. k. Korporal 62 Leg. Lieut. Mailand.

624 Hildebrandt... 49 Galopin Klapka's 51 A. 62 *Major* und Kommandant der »Garibaldi-Guard«, Newyork.

625 *Hires*, Karl, Leg. Wachtm. 63 *, Ankona.

626 *Hirschler*, Max, 49 Honv. † 59 als Kaufmann in Verona. Isr.

627 Hirschler, (Isléry) Sigism. Geb. 1833.57 Zimmermeister in Türkei. 59 Italien, k. it. Art. Lieut. 50 mit Garibaldi. verwundet am Volturno, *Hptm*. 64 Leg. Hptm, 63 nach Zürich, Bürger und *Architekt* daselbst. Isr.

628 *Hirschler*, Pauline, geb. Scheller. Architektengattin. Zürich.

629 *Hobgarski...* Lieut. 49 T. R...

630 Hochholczer, Hugo, Lieut, 59 T. 50 A. *Architekt* in San-Francisko, Kalifornien.

631 Hoffmann... Art. Lieut. In der Sonora in Mexiko.

632 *Hohetlinger*, Job...

633 Hollán, Hugo. K. k. Husz. Oberl. 48 Husz. *Obristw.* 49 T.R. Aleppo. 55 A. 63 † als amerikanischer *Major* in Illinois.

634 *Holländer...* Jägerlieut. KK.

635 *Holländer...* Oberl. KK. 50 A.

636 *Horány...*

637 **Horhy,** Mich. v. geb. 1815. 48 *Ministerialchef.* 49 als *Agent* nach *Rom.* 50 England. 54 A. wahnsinnig geworden, 55 nach U. genesen, † 56 U.

638 Horn, J.-E. (Einhorn). Geb. 1825. Komorner Feldrabbi. 50 Leipzig. 52 Brüssel. 56 Paris. Redacteur, Statistiker, Publizist, ungrischer, deutscher, französischer *Schriftsteller.* 64 Egypten. Isr.

639 Horn, (Einhorn) Anton. Geb. 1835. 49 Honv. 50 Eingereiht. 55 Paris. 58 *Redakteur* in St-Petersburg. Isr.

640 *Horn,* Louise. geb. *Ragondet.* Belgierin. Paris. Gattin des J.-E. Horn. (Kath.)

641 *Horn*, Isaak, Sohn des J.-E. Horn. Paris. Isr.

642 *Horn*, Emma, Tochter des J.-E. Horn. Paris. (Kath.)

643 *Horn...* Tochter des J.-E. Horn, geb. 63, Paris. (Kath.)

644 *Horn.* Job.. Honv...

645 Horodinski, Xavier, Pole. *Major* d. poln. Leg. Jezt Frankreich.

646 Horvàt, Therese. Aus Siebenb. Opfer der Konsp. d. Makk. 52—57 in Josefstadt im Kerker. Seit 58 in Bukarest, Mädcheninstitut.

647 *Horvàth*, Anton, k. k. Soldat. 49 ungrische Leg. in Piemont.

648 Horvàth, Imre, 49 Honv. 60 Leg. Oberl. Ungrischer Schriftsteller. Jezt Genf.

649 Horvàth, Imre. 48 Honv. Wachtm. 60 Garibaldi. 61 Hptm. Auditor der Legion. 62 Dem. 63 U.

650 *Horvàth,* Joh., 49 Oberl...

651 *Horvàth,* Jos., Unteroff...

652 *Horvàth,* Jos., Leg. 62 Dp. Crema.

653 *Horvàth,* Karl, 49 Oberl. 60 Leg. Hptm. Jezt Alessandria.

654 *Horvàth,* Mich., Leg. Lieut. 63 *, Ankona. Jezt Konstantinopel.

655 **Horvàth,** Michael v. Geb. 1809. *Bischof von Csanàd.* 49 Kultusminister. 50 Schweiz. Belgien. Italien bei Gräfin G. Kàrolyi. Jezt Genf. Mitglied d. ungr. Akademie. Fruchtbarer *Historiker.*

656 *Hoszek,* Leonhard, Pole. 49 Hptm. England. Genf. 62 Hptm in Aqui.

657 *Hoszek,* Anna, geb. Péchy, Hptm Gattin. England. Genf. Turin.

658 *Hoszek,* Marie, Tochter. England. Genf. Turin.

659 *Hoszowski,* Joh., Honv. Lieut...

660 *Hosszù,* Ant., Leg. 62 Dp. Crema.

661 *Hollovics,* Fritz, 62 Leg. Lieut. d. Jäger. 63 Dem.

662 *Hrabovszky...* Lieut. 63 Advokat in Newyork.

663 *Hrabovszky...* Major. 49 T. Widdin. Mit Hauslab nach U.

664 *Hranyai,* Joh., 49 Oberl. 61 Leg. Oberl. Jezt Genua.

665 *Hubay...* Leg. Feldw. 63 U.

666 *Hubicsek,* Joh. Leg. 62 Dp. Crema.

667 *Hubinger,* Karl, Wiener. 60 Garibaldist. 61 Oberl. in Aqui. 62 Dem. Wien.

668 *Hubner,* Wilh., 62 Leg. Lieut. 63 *. Ankona. 64 Turin.

669 *Hudurek,* Frz., Leg. 62 Dp. Crema.

670 *Huggendobler,* Joh., Schweizer. 63 Lieut. in Cuneo.

671 **Hugo** (Dr. Bernstein) Karl. Deutscher und ungrischer *Dichter.* 49 Paris, 55 Wien. 64 Pest.

672 **Hugo,** Albert (...) Pole. 45 *Verf. der Croquis.* 48 deutscher Redakteur, 49 Bad Homburg. Juli zurük, bis Vilàgos. 50 Redakteur in Pest. 51—64 Redakteur in Wien, Gründer der Jagdzeitung.

673 *Hulnay,* Sim... Honvédlieut...

674 **Hunyadi,** Graf Johann. 64 Polen. Arretirt, nach Siebenbürgen zurükgebracht.

675 **Huszàk,** Gustav... aus Losoncz...

676 **Huszàr,** Baron... Lieut. 49 T...

677 *Huszàr,* Alexander...

678 *Huszka,* Nik. K. k. Wachtm. 48 Lieut. 49 T. Wirth in Konstantinopel.

679 *Hutkai,* Pet., 60 Garibaldist. 61 Leg. 62 Dp. Crema.

680 **Hutter,** Jos., 46 Hpt. d. deutschen Legion in Ungarn. T. 50 England. Deutscher *Schriftsteller.*

681 *Hüffel..,* Franzose. Lieut. 49 T. 50 Frankreich.

682 **Ibrányi...** † in Brasilien.

683 **Idzikowski,** Thadäus, Pole. 30 poln. Kämpfer. 32 k. belg. Hptm. 48 *Oberst* d. poln. Legion in Ungarn. 49 T. 51 London 60 Garibaldist. 61 Oberst in Aqui. 63 Turin.

684 **Ihász.** Daniel. Ritter v. Geb. 1813. K. k. Oberl. 49 Hptm, T. Kiutahia. 51 mit Kossuth in A. 59 Gründer d. ungr. Legion. 60 k. ital. *Oberst.* 61—62 Kommandant der Legion. Jezt Turin.

685 **Ilinski,** Graf Anton, (oder Alexander) «*Iskender Bey*» Geb. 1810. Pole. 26 Portugal. 30 Spanien, Christinist, 40 Algier. 45 Herat. 48 Honv. Obristl. 49 T. R. 50 Bosnien. 54 Krim, 55 türkischer *Generalmajor.* † 61 Konstantinopel.

686 *Illés,* Imre. Leg. Wachtm. 63 *, Ankona.

687 *Illés,* Leop...

688 *Illinsky,* recte: Michael *Bodola,* 48 Honv. 49 T. R. 53 Turin. Ingenieur.

689 *Imrédy...* Husz. Oberl. 49 T.

690 **Imrédy...** *Reichstagdeputirter,* 49 T. Widdin. Mit Pass entkommen.

691 *Incze,* Frz., Lieut. 51 A. dort Tischler.

692 **Inczédy...** 49 T. Widdin, mit Pass entkommen.

693 **Irányi,** (Halbschuh) Daniel. geb. 1822. 48 *Reichstagdeputirter.* 49 Mitunterzeichner der Thronentsetzung in Debreczin. 50 Tyrol, Schweiz, Paris. Französischer *Schriftsteller.* 59 Italien. 62 Paris. Erzieher bei E. v. Gerando.

694 **Irinyi,** Jos. v. Geb. 1822. 48 *Reichstagdeputirter.* 49 Mai nach London, Juli U, Nov. verurtheilt. Durch Haynau begnadigt. Ungrischer *Romanschriftsteller.* † 56, in Pest.

695 **Ivánka.** Siegm. *Reichstagdeputirter.* 48 T. Widdin. Mit Pass entkommen.

696 **Ivánkovics...** Reg. Komm. v. Eisenburg. 49 Homburg, Paris. 52 U.

697 *Ivó,* Karl, Leg 62 Dp. Crema.

698 **Jablonlczky,** Ign., geb. 1808. Kleriker. *Redakleur.* 46 Konstantinopel. 48 Honv. Lieut.49 Gesandsch. Sekr. in Konstantinopel... 50 U. arretirt, zu 8 Jahr verurtheilt. 55 frei. † 61 in Erlau.

699 *Jaeger...* Lottokollekteur. 50 A. St-Louis.

700 **Jagello,** Appolonia, Polin. 48 Feldkrankenpflegerin. 49 KK. Hamburg. 50 A. Jezt Mrs. *Tochmann* in Newyork

701 *Jakab,* Frz., Unteroff. 51 A.

702 *Jakabsohn,* B... Lieut...

703 *Jakabsohn,* Narzys, Lieut. d. poln. Legion. 49 T.

704 *Jakubowsky...* Pole. 48 Kav. Lieut. 49 T. R. † 50 in Bosnien.

705 **Jámbor,** Paul, geb. 1822. Als Dichter «*Iliador*». Kath. Pfarrer, 50 Paris. 60 U. Ungr. Schriftsteller.

706 *Jankó,* Nik., 49 Lieut. KK. † London, 62.

707 **Jankò,** Vinzenz, Machinist.49 KK. London. 55 U. 63 arretirt in Ungarn. Mit-Besitzer der Maschinenfabrik « Vidacs und Jankò.»

708 *Jankovszky,* Karl, Leg. 62 Dp. Crema.

709 **Jashics...** Major. 49 T. R...

710 *Jaszinski,* Karl, Artillerist...

711 *Jàworka,* N... 60 Garibaldist. 61 Leg. Lieut. 62 k. ital. Hptm.

712 **Jekelfalussy** ... Kath. *Bischof der Zips.* 49 durch die k. k. Kriegsgerichte aus Ungarn verbannt, bis 60 am Traunsee. 61 Ungarn, im Reichstage.

713 *Jekelfalussy,* Alex., Oberl. 51 A.

714 *Jeney,* Stef., Unteroff. 51 A.

715 *Jersensky,* Stef., 49 Honv. 51 k. k. Beamter, 61 Leg. Oberl. Jezt Turin.

716 *Jeze,* Imre, Honv...

717 *Jezermickzy,* Imre, 49 Hptm. 60 Garibaldist. 61 Leg. Gemeiner 62 Hptm. in Aqui. 63 Dem.

718 **Joannovics,** Georg. *Untergespann* v. Krassò, 49 T. Seither U.

719 *Jordan,* Lad., Pole. Honv. Hptm. 49 T.

720 *Jordan,* Sigm., Pole. Honv. Major...

721 **Jòsika,** Baron Nikolaus, geb. 1796. *Vater des ungrischen Romans.* Mitgl. d. ungr. Akademie, k. k. Kämmerer. 48 Mitgl. d. Landeverth. Ausschusses. 49 Galizien, Leipzig. Seit 50 in Brüssel. Fruchtbarer ungr. *Schriftsteller.*

722 **Jòsika,** Baronin Julie, geb. Baronesse *Podmaniczky.* Geb.

1815 49 Leipzig. Seit 50 Brüssel. Ungrische *Romanschriftstellerin*; deutsche Uebersetzerin.

723 *Jóssa*... Hptm. 49 T.

724 *Juhász*, Alex., 60 Garibaldist. 61 Leg. 63 Turin.

725 *Juhász*, Frz., 61 Lieut. in Aqui. 62 entlassen.

726 *Juhász*, Jos., 60 Garibaldist, 63 Leg. Turin.

727 **Juhász,** Jos., *Obristlieutenant.* 49 KK. 50 London. 53 in englischen Diensten der Fremdenlegion. Jezt London.

728 *Juhász* ... geb. ... Obristl. Gattin. London.

729 **Juhos,** Julius. *Major.* 49 KK. 50 A. Kalifornien. 59 U.

730 *Jungwirth*, K... K. k. Oberl. 48 Hptm. 49 KK. 51 Wien.

731 *Jurik*, Jos. Kav. Gemeiner ...

732 *Justiniani*, Jos. 60 Garibaldi, Lieut. Jezt Konstantinopel.

733 **Juszt,** Emanuel. Reg. Adj. in Komorn. 49 KK. 50 A. In Kalifornien, *Bankier*. 63 Paris.

734 **Juszt** ... geb. ...

735 *Juvelier*, Karl. Husz. Lieut. 51 A.

736 **K**... Marie, Schumla, 50.

737 *Kabat*, Leop. Pole. 49 Honvédkap. T.

738 **Kabos** ... *Obristlieut.* 49 T. Kommandant in Schumla.

739 *Kaczek*, Konst. Leg. 62 Dp. Crema.

740 *Kacsynszki* ...

741 **Kada,** Karl. 49 *Major.* 50 mit Türr nach Baden, dann Schweiz; 51 mit 103 Mann nach A.

742 *Kádár*, Alex. 60 Garibaldist. 63 *, Ankona, Leg. Lieut. 64.

743 *Kádár*, Frz. 60 Garibaldist. 63 Leg. Wachtm. * Ankona.

744 **Kajdácsi,** Ant. Stuhlrichter, Hajduk, Schauspieler. 48 Wachtm. 49 T. R. 61 *Major* in Aqui. 62 Dem. Leg. Major, verjagt durch die Mannschaft. Jezt Belgrad.

745 *Kajling*, Karl. Zivilingenieur.

746 *Kakas* ... Lieut. 51 A. Jezt Pelzhändler in Boston.

747 *Kakucs*, Greg., Lieut. 62 Dp. Crema.

748 **Kalapeza,** Nep. 48 Hptm. 49 T. 51 mit Kossuth nach A., hielt Reitschule in Boston. Soll seit 56 in Utah *Mormone* und reich sein.

749 *Kállay*, Ign. v. 60 Leg. Gemeiner. 61 Lieut. in Aqui. 62 U.

750 **Kalmár,** Edmund. 48 *Major.* 49 T. R. türkischer *Major.* 59 nach Italien. † auf dem Schiffe im Angesichte Civitavecchias,

751 **Kálóczy,** Ludv. v. *Reichstagdeputirter.* 49 KK. London.
50 U. 61 Mitglied des Reichstages.

752 **Kálozdy,** Dr. (Kaufmann). 48 *Stabsarzt.* 49 T. 50 Aleppo.
Soll ins Ausland sein... nach Andern R., in türkischen Diensten, Beyrut.

753 *Kaminsi* ... Hptm. KK. 50 A.

754 *Kaminski,* Alb. Pole, Lieut. d. poln. Leg. 49 T.

755 *Kanalassy,* Ludw. Hptm. KK. 50 A. Ingenieur. † 53, Virginien.

756 *Kanicser.*

757 **Kanazay,** Andr. *Oberl.* 49 T. R. † ermordet von Räubern
bei Varna.

758 *Kantner* ...

759 **Kanyuk,** Joh. K. k. Feldw. 59 desert. 60 Garibaldi, Oberl.
† zu Neapel, zusammengehauen bei Sta. Maria am 1. Okt.

760 *Kapler,* Imre. Leg. 62 Dp. Crema.

761 **Kápolnay** (Pauer) Istvàn. 59 k. k. Lieut. quitt ; dann
päpstlicher Off. 60 bei Garibaldi. 61 Hptm. in Aqui. 62 Dem.;
Leg. Hptm. d. Jäger. 63 *, Ankona. Ungrischer *Schriftsteller*
für Fürst Crouy-Chanel.

762 *Káposztás,* Joh. Leg. Fourrier. 63 *, Ankona.

763 **Kapner,** Frz. 48 Hptm. 49 T. Kossuth's Haushofmeister.
51 A. Erfinder eines *Perpetum mobile.*

764 *Kapus,* Joh. 48 Wachtm. 49 T. 50 U. 60 zur Legion, Fourrier.
63 *, Ankona.

765 **Karacsay,** Graf Alex. Geb. 1814. — *Major.* 49 T. bis 61 in
Konstantinopel; jezt Genf.

766 *Karacsay,* Gräfin Jenny, geb. Baronesse *Wesselényi.* Konstantinopel. Genf.

767 *Karacsay,* Gräfin Melanie. Geb. 1845. — Konst. Genf.

768 *Karacsay,* Gräfin Klementine. Geb. 1847. — Konst. Genf.

769 *Karácsonyi,* Paul. K. k. Lieut. 61 Leg. Oberl. Jezt Turin.

770 *Karadsay* ... Hptm. KK. Hamburg ...

771 **Karády,** Ign. Ungrischer *Schriftsteller.* 50 mit Kossuth's
Kindern von Ungarn nach Kiutahia. Darnach London. † 58 auf
dem Schiffe nach Amerika.

772 **Karaflat** ... † in Kalifornien.

773 *Karatel* ... Böhme. K. k. Lieut. 63 Lieut in Cuneo.

774 *Kárpi,* Alex. 48 Honv. Lieut. 50 emigrirt. Fleischer im Auslande. 61 Lieut. in Aqui. 62 Dem. 64 Turin, im Zeughaus.

775 **Károlyi,** Graf Alexander. Geb. 1831. 48 Husz. *Rittm.* 49
KK. Hamburg, London, Paris. 54 U. 61 Reichstagdeputirter der
Beschlusspartei. Schriftsteller.

776 **Károlyi**, Graf Eduard. Geb. 1820. 48 Husz. *Obrist.* 49 Paris, Indigena Frankreichs durch seine Mutter. 51 U., sich vermählend. 60 verhaftet in Salzburg. 61 beim Reichstag.

777 **Károlyi**, Gräfin Karoline, geb. *Zichy.* Geb. 1818. Schwester der Gräfin Ant. Batthyányi. — 49 Komorn. 50 Paris, Genf. 52-62 Genua; jezt wieder Genf.

778 **Károlyi**, Gräfin Palma, Tochter der Gräfin Karoline, geb. 1847. — 49 Komorn. Seither in Genua und Genf, erzogen von Bischof M. Horváth.

779 *Kartali*, Paul, Honvéd ...

780 **Kastner,** Konst. Preusse. 48 Jäger Hptm. KK. London. Gab schöne Lithografien heraus; Maler; englischer Schriftsteller. Darnach in Irland.

781 *Kasza*, Stef. Leg. Korporal. 63 *, Ankona.

782 *Kaszakowszki* ... K. russischer Lieut. 49 desertirt, Honvéd...

783 *Kaszánayi* ... Hptm.

784 *Kaszás*, Florian. Gemeiner. A.

785 **Kászonyi,** Josef von. K. k. Rittm. 48 *Oberst.* 49 Mitunterzeichner der Kapitulation Komorns. Hamburg, London, Brüssel. 56 U.

786 **Kászonyi,** Daniel. Geb. 1813. Katholisch geworden. Wittwer. Paris. 48 Wien, Szirmay's Sekr. 49 ungrischer Spion. KK. Hamburg. London. 59 U. Verf. des berüchtigten Romans « *Die Lorette.* » 4 Bde, Berlin, 63.

787 **Kászonyi** ... Hptm. 49 T...

788 *Katich*, Stef. Bürgermeister v. Fünfkirchen. 49 T. 50 A.

789 *Katona*, Gábor. Honvéd. 51 A. Farmer in Texas.

790 **Katona,** Nik. von. 48 *Oberst;* in Déczs sammt 10,000 Mann fast aufgerieben. 49 T. 51 mit Mészaros in Jersey, 52 A. 56 Paris, Weinreisender. 58 U.

791 *Kaunitz*, Theod. 61 Lieut. in Aqui. 62 Dem. 63 U.

792 **Kauser,** Stef. 48 Oberl. 51 A. 60 Oberl. d. Leg. 63 Ankona.

793 *Kauser* ... Oberl. Gattin. Ankona,

794 *Kaulner*, Frz. Zivilingenieur.

795 *Kawalewsky* ... Pole, poln. Leg. T...

796 *Kayser*, Alb. 49 ungr. Marineoffizier. 50 A. 61 Professor in Louisiana.

797 **Kékessy** (Blauhorn), Mich. Geb. 1818. K. k. Lieut. 48 *Obristl.* d. Gen. Stabs. 49 T. 51 London. 52 A. Gerber in Canada, brach den Arm. 63 Brüssel. 64 U.

798 *Kelemen*, Alex., Unteroff. ...

799 *Kelemen*, Frz. Huszár ...

800 *Keletneky*, Karl. Leg. Wachtm. 63 *, Ankona.
801 *Keller* ... Hptm. 49 T. R. 50 Bosnien. 60 Garibaldi. Isr.
802 *Kellics*, Frz. Hunyadyhonvéd (?)...
803 **Kemény,** Baron Farkas. Geb. 1798. K. k. Kämmerer. 48 *Oberst* 49 T. 50 London. † daselbst 1858.
804 *Keménydi*, Joh. Leg. 63 *, Ankona.
805 **Keményfi,** Jos. K. k. Kadet. 48 Oberl. 49 ins k. k. Militär gesteckt. 50 in Hamburg desertirt, nach A. Amerikanischer *Kapitän*.
806 *Kendery*, Gust. Leg. Lieut. 63 *, Ankona.
807 **Képes,** Imre. K. ungr. Leibgardist. 48 Hptm. 49 verurtheilt. 60 Leg. Hptm. Jezt Genua.
808 **Kerényi,** Friedrich. Geb. 1822. Als ungrischer Dichter « *Emil Vidor*. » Petöfi's Jugendfreund. 48 Honvéd. 49 A., 50 dort mit Ujházy Gründer der Kolonie « New Buda. » † im Wahnsinn dort, 52.
809 *Keresctes*, Pet. 60 Garibaldi. 63 Leg. Turin.
810 *Kertész*, Joh. 59 k. k. Korporal; desert. 60 Garibaldist. 61 zurück nach U. 62 wieder zur Legion. 63 *, Ankona.
811 *Kessner*, Joh. Leg. 62 Dp. Crema.
812 *Kimmel*, Frz. Honvéd ...
813 **Kindersbey** ... 48 Obristlieut. 49 T. R. Aleppo † 61, als türkischer *Generalmajor*.
814 **Kinizsy,** István. Rittm. 49 T. Kiutahia. 51 A., Reitlehrer, Boston. 56 U.
815 *Királyi*, Frz. — nannte sich « Graf Kàrolyi » — 56 Schweiz; 57 Konstantinopel, Türr's Freund, verurtheilt zu 10 Jahr wegen Banknotenfälschung. 62 Turin.
816 *Királyi*, Joh. † zu Konstantinopel.
817 *Kisfaludy* ... 51 Stuttgart . .
818 **Kisfy,** Dr. (Klein) ... Arzt in Neworleans, 54.
819 *Kiss*, Ant. Major ... Konstantinopel.
820 *Kiss*, Jos. Hptm. 51 A.
821 **Kiss,** Jos. 48 Oberl. 49 T. R. Major Omer Pascha's. In Migrelien, liesz Fürst Dadian erschieszen. 59 Italien. 60 Garibaldist. 61 k. ital. *Major*, pensionirt.
822 *Kiss*, Karl. Wachtm. A.
823 **Kiss,** Lad. 50 London. 54 Bankrott von 40,000 Pfund. Entfloh nach Venedig, verkaufte Kossuth's Papiere, verfolgt von der Lond. Polizei; durch Oestreich verhaftet.
824 *Kiss*, Mich. Leg. 62 Dp. Crema.
825 **Kiss,** Nik. Ritter v. Geb. 1820. Statthaltereisekr. 48 Kom-

mandant von Ofen. 49 Oberst, geschickt nach Russland. Paris. Spanien. 59 Italien. *General,* Ritter des Maur. Ordens. Lebt in Paris und St-Ange. Günstling des Prinzen Napoleon.

826 **Kiss ..** Generalin von, geb. Marquise *Lecharron,* verwittwete Gräfin *Deroys,* wieder vermählt 52. Paris. St-Ange.

827 *Kiss...* Sohn des Generals. Paris. St-Ange.

828 *Kiss...* Sohn dès Generals. Paris. St-Ange.

829 *Kiss..:* Tochter des Generals Paris. St-Ange.

830 *Kiss,* Pet., 60 Garibaldist. 63 Leg. Wachtm.

831 *Kiss,* Stef., 60 Garibaldist. 61 Leg. Wachtm.

832 *Kilsmann,* Jos., 49 poln. Legion. 50 T.

833 **Klapka,** Georg v. Geb. 1820 K. ungr. Leibgarde. 47 k. k. Oberl. quittirt. 48 Asien. U. Hptm. Generalstabschef. 49 Juni Kommdt. v Komorn. 29 Sept. Kapitulation. *General.* Hamburg. 50 London. Schriftsteller. Seit 53 Bürger v. Genf. Spielhausassocié. 54 Orient. 59 Italien, drittes Mitglied des ungrischen Direktorats, 62 ausscheidend.

834 *Klaudek...* Oberl... 49 KK. 50 A.

835 *Klempa,* Michael, 62 Leg. Hptm. 64 nach A.

836 **Kmety,** Georg. Geb. 1810. K. k. Hptm, 48 *General.* 49 T. R. «Ismael Pascha», 53 türkischer Brigadegeneral. 55 *Vertheidiger von Kars.* Gefangner in St-Petersburg. 56 Ferik-Divisionsgeneral. Seit 62. London.

837 *Knall,* Georg, Hptm. 49 T. †in Konstantinopel.

838 **Knezoviczky,** Stef., 48 Rittm. 61 Rittm. in Aqui. 62 Dem. 63 U.

839 *Knopflach,* Aug., Tyroler. 61 Lieut. in Aqui. 62 Dem. 63 nach A.

840 *Koblànyi* .. 48 Lieut. 49 KK. 50 A.

841 *Kochlewsky...* 48 poln. Legion. 49 T.

842 **Kochànski,** Ernst, Pole. 48 Honv. Hptm. 49 T.

843 *Kohàry...* Leg. 62 Dp. Crema.

844 *Kohn...*

845 *Kollmann...* 61 Lieut. in Aqui. 62 Dem...

846 **Kollmann,** Josef, k. k. Kapit. 48 Oberst. 49 T. R. 50 türkischer *General.* «Feyzy Bey». Damaskus...

847 *Kolossy,* Sam., 63 Oberl. in Cuneo.

848 *Komàroni...* Lieut. 49 T...

849 **Kompér,** Pet., Rittm. 49 KK. 50 A. *Schriftsteller.* Jezt Eisenbahnbeamter in Jowa.

850 *Komsa,* Joh.. Leg. 62 Dp. Crema.

851 *Komsa,* Joh. Leg. 62 Dp. Crema.

852 **Koos,** Frz. Geb. 1828. 49 Huszàr, Vilàgos. 50 versteckt. 54

Lehrer. 52 arretirt. 55 nach Bukarest als *ref. Seelsorger.* Gründer seit 57 der ungr. Gesellschaft « *Hunnia* » in Bukarest, und der 60 sistirten ungrischen Zeitung Bukarest's.

853 *Kopor,* Joh. 60 Garibaldist. Leg. 62 Dp. Crema.

854 *Kopcsik* ...

855 **Korn,** Fil. Buchhändler. 48 *Hptm.* d. deutschen Legion Ungarns. 49 T. 50 A Deutscher *Schriftsteller.* Fotograf. 63 U.

856 **Kornis,** Karl. Geb. 1820. Univ. Prof. d. Rechte. 48 Blut-richter, 49 in Effigie gehangen, wobei er zusah. 50 England, Lüttich. 51 A. 54 *Rechtsprof.* d. Univ. zu *Rio Janeiro.* † 63, in U.

857 **Koromzay,** Ant. 49 Honv. Oberl. 50 Eingereiht. 59 k. k. Husz. Oberl. quitt. 60. 64 Leg. Oberl.

858 **Korzellnski,** Sev. *Oberst* d. poln. Legion. 49 T.

859 *Koscielsky* ... Pole, Agent, 49 T. Konstantinopel.

860 **Koslowski,** Wlad. Pole. *Kapit.* d. poln. Legion. 49 T. 51 Brüssel. 56 T. †60, in Konstantinopel meuchlings erschossen.

861 **Kossuth,** Ludvigh von. Geb. 1802. 48 Minister. 49 *Gouverneur von Ungarn.* Dankte ab 11. Aug. 22 Aug. in Widdin. 50 Schumla. Kiutahia. 51, am 23. Okt. Southampton : 22. Sept. Hinrichtung durch die k. k. Kriegsgerichte in Effigie; 5. Dez. in Newyork. 53 in London. 59, 3. Mai, Paris, bei Napoleon III; dann in Italien; Okt. London. 60 Paris. 61 Turin. 62 Lausanne. 63 Turin.

862 **Kossuth,** Therese von, geb. v. *Meszlényi.* Geb. 1810. Verehlicht 1840. — 49 versteckt in Ungarn. 50, Febr. :n Schumla; dann Kiutahia. 51 England. 53 A. 53 London. 64 Turin.

863 **Kossuth,** Franz von. Geb. 1841. — 49 arretirt. 50 Kiutahia. 51 London. 64 Turin im Minist. d. öff. Arbeiten.

864 *Kossuth,* Ludw. Theod. von. Geb. 1844. — 49 arretirt. 50 Kiutahia. 51 London. 64 Turin, im. Minist. d. öff. Arbeiten.

865 *Kossuth,* Vilma von. Geb. 1843. — 49 arretirt. 50 London. †62 zu Nervi in Italien.

866 **Kossuth,** Charlotte von, geb. *Weber.* Geb. 1770. Verehlicht 1796. 48 oberste Schutzfrau des Reichs. 49 arretirt. 50 mit Zwangspass nach England. † 62 zu Brüssel.

867 *Koszák* ... Oberl. 49 T. Kiutahia ...

868 *Koszlay,* Eugen ... 50 A. Advokat, Newyork.

869 **Koszta,** Mart. v. Belényesi. 48 *Hptm.* 49 T. 50 A. 53 mit amer. Pass in Smyrna, arretirt; durch Kapt. Ingreshem von der k. k. Fregatte befreit. † 58, in Guatemala, A.

870 *Koszta,* ... Hauptmannsgattin. Amerikanerin. Guatemala...

871 **Kosztka,** Jos. *Obristlieut.* 50 A...
872 *Koszlka*, Ludw. 49 Art. Lieut. 50 A. Silberarbeiter. 57 U.
873 **Kostolànyi,** Aug. 48 Hptm. 49 T. 50 A. 57 U.
874 *Koterba* ...
875 **Kovàcs,** Andor. Bauernsohn.48 Huszàrengemeiner. 49k.k
  Gemeiner,bis zum Oberl. avancirend. 61 desertirt. *Major* de ·
  Legion. Jezt Moncalieri.
876 *Kovàcs*, Fil. Leg. Profosz. 63 *, Ankona.
877 *Kovàcs*, Frz. Leg. 62 Dp. Crema.
878 *Kovàcs*, Franz. 49 Unteroff. † in Kalifornien.
879 *Kovàcs*, Georg. Honvéd...
880 *Kovàcs*, Gust. Oberl. 50 A.
881 **Kovàcs,** Imre. ... 51 Grimma. Deutscher *Schriftsteller.*
  56 Ostende...
882 *Kovàcs*, Joh. Leg. Wachtm. 63 *, Ankona.
883 *Kovàcs*, Joh. 62 Dp. Crema.
884 *Kovàcs*, Joh. Unteroff. 50 T...
885 **Kovàcs,** Joh. Geb. 1812. 48 Jägerlieut. 49 T. † 62 Konstantinopel.
886 *Kovàcs*, Jos. ...
887 *Kovàcs*, Jul. Leg. 62 Dp. Crema.
888 *Kovàes*, Karl. 60 Garibaldist. 63 Leg. Wachtm.
889 *Kovàcs*, Karl. Leg. 62 Dp. Crema.
890 **Kovàcs,** (Kovardz) Leo. K. k. Lieut. 59 quitt. 60 Garibaldist. 61 Hptm. in Aqui. 62 Entlassen. 63 Leg. Hptm. Jezt
  Mailand.
891 **Kovàcs,** Ludw. *Major.* 49 T. 51 London. ...
892 *Kovàcs*, ... 62 Husz. Oberl. d. Leg. — 64.
893 *Kovàcs*, Paul. ...
894 *Kovàcs*, Pet. Unteroff. ...
895 *Kovàcs*, Sigm. 60 Garibaldist. 63 Legion.
896 **Kovàcs,** ... *Major.* 49 T. 50 Kiutahia. ...
897 *Kovàcs*, ... Majorsgattin. 49 T. 50 Kiutahia.
898 **Kovàcs,** Stefan. *Major.* † in Jowa.
899 **Kovàcs,** Stef. Priester. 49 Honvéd. 49 T. durch Kossuth
  Major. 51 A. 61 amerikanischer Major. 63 Gefangner in Get-
  tysburg.
900 *Kovàcs*, Mari, geb. ... Gattin des Majors Stefan. Seit 1862 Frau
  Hàzmàn.
901 *Kovàcsy*, Alb. 62 Jägerlieut. d. Leg. 63 quittirt. Jezt Turin.
902 *Kowalski*, Ferd. Pole. Hptm. poln. Leg. in Siebenbürgen.
  49 T. ..

903 *Kòzàro*, Stef. Honvéd. ...

904 **Kozlay,** Alois. 48 Lieut. d. Verpflegdepots. 49 KK. 50 A.
Jezt amerikanischer *Oberst.*

905 *Kozma*, Alb. Leg. 62 Dp. Crema.

906 *Kozma*, Dion. K. k. Wacht. 48 Lieut. 61 Thierarzt. Lieut.
˛ d. Leg.

907 **Kölbl,** Karl. Geb. 1804. K. k. Off. 48 *Major.* 50 A. Zigarrenhändler, Newyork. 60 Garibaldist. 61 Leg. Major. 63 *,
Ankona.

908 *Kölbl*, ... Majorsgattin. † ...

909 *Köpe*, Jul. Leg. 63 *, Ankona.

910 **Körmöndy,** Lud. Vater. ... Prot. Prediger. A. ...

911 *Körmöndy*, Ludw. Sohn Lieut. 49 T. 50 A.

912 *Körner*, ... Leg. Hptm., 62.

913 *Kövi* (Stein), Alb. 48 Art. Lieut. 49 KK. 50 London. Isr. ...

914 *Kövy* (Stein), Sigm. 63 Lieut. in Cuneo. ... Isr.

915 **Krajcsik,** Dr. Karl. Geb. 1804. 30 *Feldarzt d. poln. Revolution.* 31 A. 49 nach Ungarn eilend, zu spät. 50 A. † 60 als
Arzt in Newyork.

916 *Krajnàk* ...

917 *Kramer*, T... 61 Leg. Lieut. 62 Leg. Gemeiner. 62 Dp. auf 42
Monate Crema.

918 *Kranak*, Stef. Honvéd. ...

919 *Krasynsky*, ... Pole. Poln. Legion. 49 T.

920 *Kraus*, Karl. 61 Jägerl. der Leg 63 Dem. Jezt Turin.

921 *Krenyczky*, Karl. Leg. 62 Dp. Crema.

922 *Krenmüller*, ... Unteroff. 49 T. ...

923 *Kretsàn*, Ad. 60 Garibaldist. 63 Leg.

924 **Krivàcsy,** Josef v. Geb. 1825. K. k. Art. 45 k. ungr. Leibgardist. 49 *Oberst.* Komorns Armirer.51 verurtheilt zum Tode,
dann Kerker. 57 amnestirt. 59 Walachei. 60 k. italienischer
Oberst, 63 pensionirt. Jezt Mailand.

925 **Krivàcsy,** Katharina v., geb. Gräfin *Abbati Marescotti.*
Verehlicht 1860.

926 *Krivàcsy*, Irma v., geb. 1861.

927 *Krivàcsy*, Ilka v., geb. 1862.

928 *Krivàcsy*, Gisela v., geb. 1863.

929 **Kubinyi,** Sigm. v., k.k. Oberl. 61 desertirt aus Tyrol. Oberl.
in Aqui. 62 Dem. Jezt Moncaglieri.

930 *Kuhn*, Alb., Unteroff. 49 T.

931 *Kuhn*, Alex, Unteroff. 51 A, dort Schneider.

932 *Kuhn*. Jul.. Wachtm. 51 A.

933 *Kulcsár*, Joh., Dr. Reg. Arzt 51 A.
934 **Kun,** Béla, k. k. Husz. Kadet. 49 Rittm. 54 T. 60 Garibaldist
61 Leg. *Rittm.* 62 arretirt, über die Grenze gebracht. Jezt Konstantinopel. Isr.
935 **Kupa,** (Pencz) Fidel. geb. 1812. Fleischer. K. k. Rittm. quittirte. 48 Husz. *Oberst.* KK. 50 London. 60 Italien, privatisirend.
936 **Kutussovics**... Hptm. 49 T. R. 50 Adjudant Omer Pacha's
türkischer *Major.* † 54 zu Monaster.
937 *Kurschmidt*, Sim., 62 Dp. Crema.
938 *Kühne*, Auguste, geb. Wimmer. Geb. 1829. 56 Bremen. Jezt
Oberschlesien.
939 *Kühne*, Mart., Enkel des G. A. Wimmer. Efferdingen.
940 **Kükemezey,** Mich. Stuhlrichter. Sáros. 50 A. 51 St-Louis.

941 La *Cinna*, Osk., Pianist, aus Pest. 60 gesucht.
942 **Lacki,** Joh., Art Obristlieut. poln. Legion. 49 T...
943 *Láczkò*, Alex, Honvédlieut.
944 *Laimlin*, Ludw. Schweizer. 62 Leg. Lieut. Aukona.
945 *Lajosy*, Alex., 48 Honv. 55 französichen Diensten. 60 Garibaldist
61 Oberl. d. Legion.
946 *Láng*, Wilh., Honv.
947 **Langer,** Dr. Ign. 48 *Stabsarzt.* 64 Arzt in Jowa, A.
948 *Langer*, Karl. Aus Deutschland. K. k. Off. 62 Hptm. in Cuneo.
949 *Lányi*, Karl, Ingenieur. 49 T...
950 **Lapinski,** Theofil, Pole. 48 Hptm. 49 KK. 50 Hamburg.
Deutscher*Schriftsteller.* 55 Tsherkessien. 63 polnischer *General.*
Kopenhagen. Schiffbruch bei Polanka. 64 Paris.
951 *Laszkowski*... poln. Legion. 49 T.
952 **László**... 48 Lieut. 49 T, Sekretär Kossuths. Kiutahia...
953 *László*, Alex. Leg. 62 Dp. Crema.
954 *László*, Ed., 48 Wachtm. 49 A.
955 *László*... Wachtmeistersgattin. 49 A.
956 **László,** Karl, 48 Art. Hptm, 49 T. 50 A. Ingenieur. 57 Mexiko. 61 Mahagonyhändler in San Juan Battista. Ungr. *Schrifts.*
957 *László*, Stef., Unteroff ..
958 *Lászlòi*, Ludw., Honv.,.
959 *Lattiza*, Vinz.. Honv...
960 *Látura*, Jos., Honv...
961 *Láuridon*, Wilh., 62 Leg. Lieut. 63 Dem. Jezt Ankona.

962 *Lavaszi*, Adalb., 48 Oberl. d. Honv...

963 *Lazànyi*, Andr., Goldarb. 62 Oberl. in Cuneo.

964 *Làzàr*, Karl, Leg. Wachtm. 62 Dp. Crema.

965 *Lefkovics*, Mòr.. 48 Lieut. 62 Oberl. in Cuneo.

966 *Legrand*... 48 Lieut. 49 T. R.

967 *Lehmann*... Privatier. 49 T.

968 *Lehoczki*... Leg...

969 *Lehowszhy*...

970 *Lekawszky*...

971 **Lemény,** Joh. Griech. Kath. *Bischof v. Fogaras*, geb. 1780. 48 Unionist. † 61, verbannt nach Wien, internirt.

972 *Lemlényi*, Ludw. Leg. Lieut. Seit 62.

973 *Lénard*, Ludw. Honvéd...

974 *Lengyel* ...

975 *Leoni*, Sat. Aus Neapel. 60 Garibaldist. 62 Leg. Oberl. 63 Dem. Jezt Ankona.

976 *Leonidàsz* ... Hptm. 49 T...

977 *Lescinsky* ... 48 Hptm. pol. Leg. 49 T. 62 Hptm. in Aqui. Jezt Walachei.

978 *Leva*, Jos. Leg. 62 Dp. Crema.

979 *Levandovszky* ... poln. Leg. 49 T.

980 *Lévai*, Joh. Reg. Komm. 49 T.

981 *Lévai* ... Lieut. 49 T...

982 **Leutsch,** Baron Alb. Aus Preuszen. 48 *Major.* 49 zu 12 Jahr Kerker. 54 frei. 55 Zürich. 60 U. Ungrischer *Schriftsteller.*

983 **Leutsch,** Baronin Agnes, geb. *Sòos.* 55-60 Zürich.

984 **Lichtenstein,** Georg 49 mit Depeschen nach London. Jezt *Musiklehrer*, Edinburgh.

985 **Lichtenstein,** Ludw. 49 KK. 50 London. Komponist. *Schriftsteller...*

986 *Ligelfy* ... Oberl. 49 T.

987 *Liptay* ... Lieut. 49 KK. 50 A.

988 *Lippa*, Stef. 60 Garibaldist. 63 Legionär. Turin.

989 *Lohoczky* ... polnischer Staatsgefangner (?!) ...

990 **Longworth** ... Engländer. Hptm. in Guyons Stab. 49 T. Mit Gräfin Batthyànyi nach Schumla.

991 **Lonovics,** Jos. v. Krivina. Geb. 1793. 48 *Erzbischof von Erlau.* Von 49-59 ausser Ungarn, nach Oestreich verbannt. Ungrischer *Schriftsteller.* 61 Oberhausmitglied. U. Mitglied der ungrischen Akademie.

992 **Lònyai,** Melchior von. 47 *Reichstagsdeputirter.* 48 Staats-

sekretär. 49 Paris. 50 U. 58 Mitgl. der ungrischen Akademie.
61 Reichstagdeputirter. Ungrischer *Schriftsteller.*

993 *Lóránth,* Ant. Honvéd. A.

994 **Lóránth,** (Leutner) Joh. Art. Hptm. 49 KK. Jezt Lehrer,
London.

995 *Lórenczi,* Jos. ...

996 **Lörödy,** (Eischl.)... 44 *Reichstagdeputirter.* 48 Obernotär.
49 T. 50 A. In einer Fabrik, Newyork. 53 zurük nach der
Türkei. R. † 57, gefallen als türkischer *Oberst* beim Aufstand
in Bagdad.

997 *Lovassy* ... Oberl. A...

998 *Lóvaszi,* Mich. Oberl. 49 T...

999 *Löffler,* Dr. ... Stabsarzt. 49 T... Soll ins Ausland sein ...

1000 *Lönyi,* Alb. Lieut. 49 T. 50 A.

1001 *Lörincz,* Mich. Honvéd. A...

1002 *Lörincz* ... Honvédsgattin. A...

1003 **Lövel,** Klara. Leidensgefährtin der Gräfin Blanka Teleki.
50-55 Kerker. 56 nach Dresden, bis 62 Paris. 63 U. Mädchen-
schule in Debreczin.

1004 *Lövinger* ...

1005 *Löw,* Ludw. Wiener. Jäger Hptm. A...

1006 *Lubacsinsky* ... Kath. Priester. 49 T. Kiutahia.

1007 *Lubiewski,* Nik. Russ. Pole. Lieut. in Aqui. Jezt Polen.

1008 **Luboradsky** ... 49 T. R. « Mehemed-Bey ». 50 bei Bem's
Tod...

1009 **Ludvigh,** Joh. v. 48 *Reichtagsekretär. Septemvir* Reg.
Komm. Geb. 1812.49 in Effigie gerichtet. 50 Hamburg. Seither
Brüssel. Französischer *Schriftsteller.*

1010 **Ludvigh,** Elek. v. Geb. 1835. 48 Schemnitz. 55 Brüssel.
56 A. Seither *Exporter,*Newyork. 62 Freiwilliger d. amerikanischen Kavallerie.

1011 **Ludvigh,** Julius v. Geb. 1841. 55 Brüssel. Jezt *Eisenbahningenieur* in Spanien.

1012 *Ludvigh,* Natalie v. Geb. 1848. 64 Brüssel.

1013 *Ludvigh,* Etelka v. Geb. 1849. 64 Brüssel.

1014 **Lukács,** Alex. von. 48 *Reichstagdeputirter* 49 KK. A. In
den Urwäldern lebend. † 55 zu Pau in Frankreich.

1015 **Lukács** ... Deputirten-Gattin. 49 Hamburg. 50 A.

1016 **Lukács,** Mòr. v. Besztovàcz. Geb. 1812. Mitglied der ungrischen *Akademie.* 49 ins Ausland. 58 U. Deutscher und
ungrischer *Schriftsteller.*

1017 *Lukács,* Zach. Wachtm...

1018 *Lukács* ... Aus Böhmen desertirt (?) ...
1019 **Lukászy** ... 48 Hptm. 49 KK. Hamburg. 50 Art. *Hptm.* in Schleswig-Holstein ...
1020 **Lulay,** Joh. Aus Marmaros. 57 A. Möbelhändler. Washington.
1021 *Lulay* ... Frau. Amerikanerin. Washington.
1022 *Lutinsky,* Lad. K. k. Lieut. 61 Leg. Oberl. 63 Dem. 64 Polen.
1023 *Luzakovszky* ...
1024 *Lülley* ... Oberl. 49 T. Kiutahia ...
1025 *Lütschel* ... Hptm. 49 KK. Hamburg. 50 A.

1026 **M**aar, Jul. K. k. Unteroff. 62 Leg. Lieut. 63 Dem. 64 U. Isr.
1027 *Mack,* Jos 60 Garibaldist. 63 Leg. Turin.
1028 *Macseinsky* ... Major. 49 T. Kiutahia.
1029 *Macsynsky* ... Pole. Major ...
1030 *Madàr,* Joh. Leg. 62 Dp. Crema.
1031 **Madarász,** Lad. v. *Reichstagdeputirter.* 49 *Polizeiminister.* 50 KK. Hamburg. A. Farmer in Jowa ...
1032 *Madaràsz,* Wilh. v. 50 A. New-Buda. Texas. 59 U...
1033 *Madaràsz* ... geb. v. *Ujházy.* Gattin W. v. Madaràsz. Geschieden 1861. Jezt Texas ...
1034 *Magyar,* Alex. Oberl. A...
1035 *Mahuta* ... Privatier. 49 T.
1036 *Majer,* Mich. Leg. Tambour. 63 ●, Ankona.
1037 *Majlàth* ... Lieut. 49 T.
1038 *Major,* Imre Unteroff. 49 T.
1039 **Majthényi,** Baron... Reg. Komm. 49 T. Widdin ...
1040 **Majthényi,** Josef, Baron. 48 *Oberhausmitglied.* 49 KK. Hamburg. 50 A. Farmer in Jowa, «Pipagyujtò » 60 Milchhändler in Davenport.
1041 **Majthényi,** Baron Theodor, Sohn. Geb. 1836. 50 A. 62 amerikanischer Kapitän, Adjutant Zàgonyi's.
1042 *Mak* ... Oberl. 49 T.
1043 **Makk,** Josef. 47 k. k. Oberfeuerw. 48 Art. Hptm. Major, Kommandant v. Komorn. *Oberst.* Arretirt. Nach der Türkei. Arretirt. 50 Kiutahia. 51 Ungarn, als Emissär. 52 Kerker. 53 London. 64 A, Peekskill. Farmer.
1044 **Makny,** Alex. v. Gelej. 48 *Obergespann v. Krassò.* 49 T. Jezt U. Advokat in Lugos.
1045 *Makra,* Alex. 61 Lieut. in Aqui. Jezt Alessandria.

1046 *Mamurad*, Joh. 48 Wachtm. d. poln. Leg. 49 T...
1047 *Mandazzi*, Ludw. 48 Huszár.
1048 **Mandel** ... 48 Lieut. 49 T.R. 50 Bosnien. Seit 56 türkischer Art. *Kapitän.* Isr.
1049 *Mandola*, Alex. Oberl... A...
1050 *Mandula* ... 48 Lieut. 49 T. 62 Leg. Oberl...
1051 *Mangold*, Joh. Aus Sachsen. 62 Lieut. in Cuneo.
1052 *Manovil* ... 48 Lieut. 49 KK. Hamburg. Schweden. Isr.
1053 *Mareczky*, N... Pole. 61 Leg. Oberl. 63 Dem. Jezt Polen.
1054 *Markovits*, Jos. Pole. 48 ungr. Kavallerist. 64 Polen.
1055 *Marot*, Spir. Aus Fiume. 61 Lieut. in Aqui. 62 Dem. 64 k. ital. Marinelieutenant.
1056 **Marsovszky**, Maurus. 48 Guerillachef, *Major.* 49 KK. Hamburg. Lüttich. U.
1057 *Marsovszky*, Therese, geb. Bachmann. Majorsgattin. † 54, Lüttich.
1058 *Martha* ... Honv. Korporal. 49 T. R. † 50, fiel in Bosnien.
1059 *Marticzek*, Frz... Leg. Mailand.
1060 **Martini**, C. W. Deutschböhme. 48 Kourrier in Debreczin. Hptm. 49 Leipzig. Deutscher *Schriftsteller.* Jezt Redakteur der offiz. « Gratzer Zeitung. »
1061 *Mászosc* ...
1062 **Matczynski**, Konst 48 *Major* d. poln. Leg. 49 T...
1063 **Matheldesz**, J. M. Sattler. 48 Lieut. 49 T. Emissär Kossuths. In Oestreich gefangen, verurtheilt, frei. Dann London. Konstantinopel. 61 Leg. Hptm. Jezt U...
1064 *Matiszberger* ... Hptm. 49 KK. Hamburg. 50 A.
1065 *Matta* ... Hptm. 49 T. 50 A.
1066 *Máttisz*, Joh., Honv.
1067 *Matula*, Frz., k. k. Infanterist. 48 Honvédkavalerie.
1068 *Mátyás*, Jos...
1069 **Mátyás**, Stef., 48 Rittm. 49 eingereiht. 54 T. türkische Dienste. 60 Garibaldist. 61 Leg. Lieut. Jezt U.
1070 **Mátyus**, Isid., k. k. Korporal. 60 Garibaldist, 63 Art. Oberl. d. Legion.
1071 *Matyus*, Joh., Leg. 62 Dp. Crema.
1072 *Matz*, Joh., k. k. Kavallerist. 48 Honvédkavallerist...
1073 **Mauksch**, Benedikt, *Redakteur* der « *Pester Zeitung* ». 49 KK. Hamburg. London. Börsenbesucher. Jezt Australien. Isr
1074 **May**, Jos., Wiener. K. k. Art. Lieut. 48 *Major* in Komorn. 49 Prof. am Wiener k.k.Theresianum. 50 bei Kossuth in Kiutahia. 51 † in Ungarn, verbrannte sich selbst im Kerker zu Komorn.

1075 **Mayer,** Jos., 60 Garibaldist. *Major.* — A.

1076 *Mayerhoffer,* Joh., 48 Hptm, 49 T. 50 A. Zigarrenhändler.

1077 *Mayerhoffer...* begleitete 1850 Frau Kossuth nach Belgrad.

1078 **Mednyánszky,** Alex. v. Geb. 1816. K. k. Beamter. 48 *Obristlieutenant.* Mitunterzeichner der Kapitulation v. Komorn. 49 KK. Hamburg. 50 London. *Schriftsteller.* Seit 55 in einem Dankierbause.

1079 **Mednyánszky,** Anna, geb. *Birkbeck.* Geb. 1818. London *Englische Schriftstellerin.* Seit 56 Obristlieut.-Gattin. † 63, London.

1080 **Mednyánszky,** Baron Cäsar. Geb. 1822. 48 *Bischof von Veszprim.* 49 in Ungarn verstekt. 50 Schweiz. Paris. 52 Australien, verlor den rechten Arm. 54 London. 56 † in Hyères durch Selbstvergiftung.

1081 *Megyeri,* M. ...

1082 *Megyesi,* Jos Jezt Schneider in Kopenhagen.

1083 *Megyesi,* Mih. Infanterist...

1084 **Meinhardt,** Klara, geb. *Ujházy.* Heurathete in Texas.

1085 *Mellésy* ... Komitatsbeamter. 49 T.

1086 **Menyhárd,** Joh. Geb. 1828. 48 Lieut. 49 Eingereiht, desertirt. 52 A. Jezt amerikanischer *Infanteriekapitän.*

1087 *Menyhárt,* Nik. 60 Garibaldist. 63 Leg. Turin.

1088 **Merey.** (Schöpf) Dr. August. Geb. 1802. Arzt in Pest, Gründer des Kinderspitals. 49 England. Arzt. † 58 Manchester.

1089 **Merey,** Auguste. Tochter. 49 Manchester. Verehlicht in Bombay.

1090 *Merey,.* Sohn. Ingenieur in England.

1091 *Merey...* Sohn...

1092 **Mérey,** Moriz v. Kaposmére. 48 *Oberst.* 49 London. † 58 als Fabriksagent, Manchester.

1093 **Mérey,** Konstanze, geb. *Bikkesy.* 49 mit Depeschen von Debreczin nach London. Englische *Schriftstéllerin.* † 59 Manchester.

1094 *Merwa...*

1095 **Mester,** Ed., 49 Feldapotheker. 50 Bukarest. 57 Apotheker in Silistria.

1096 *Mester...* Apothekersgattin. Silistria.

1097 **Mészáros,** Imre, 48 Hptm. 49 T. 50 A. 63 amerikanischer *Major.*

1098 *Mészáros,* Joh., Gemeiner... A...

1099 *Mészáros,* Joh., Leg. 62 Dp. Crema.

1100 *Mészáros*, Karl. Leg. 62 Dp. 63 *, Ankona.
1101 *Mészárós*, Làszlò ... † in Konstantinopel.
1102 **Mészárós**, Làzàr von. Geb. 1796. 44 k. k. Oberst. 45 Mitglied d. ungrischen Akademie. 47 Italien. 48 ungrischer *Kriegsminister*, General. 49 T. Kiutahia. 51 England. 52 Jersey. 53 A. Erzieher. † 58 zu Eywood in England bei der Gräfin J. Teleki.
1103 *Mészárós*, Ludw. Sohn des Làszló. 60 Konstantinopel. 63 k. k. Theresianum in Wien.
1104 *Mészárós*, Stef. Sohn des Làszlò. 60 Konstantinopel. 63 Wien.
1105 **Meszlényi**, Eugen von. — Kossuths Schwager. — 48 Major. 49 T. 50 U. in Somogy.
1106 **Meszlényi**,Susanna v.,geb. *Kossuth*.Geb. 1806.48 Wittwe. 49 Oberfrau der Spitäler. 51 wegen Konspiration arretirt. 53 mit Zwangspass nach A. † 56 in Newyork.
1107 *Meyer*, Eduard... Leg...
1108 *Mezö*. Jos.. Leg. 62 Dp. Crema.
1109 *Michael*, Andr., 60 Garibaldist. 63 Leg. Turin.
1110 **Mihajlovics**, Anast., 48 *Oberrichter*. 49 T. 51 A. Zigarrenfabrikant. 56 Mexiko. Ingenieur. 61 U.
1111 **Mihalòczy**, Géza. 48 Kapitän. 49 London, Duell mit Pulszky. 50 A. Arzt in Chicago. † 64 als amerikanischer *Oberst*
1112 **Mihálovics**, Ludw., 59 k. k. Off. Päpstliche Dienste. 60 Hptm. d. Legion. Figyelmesy's Adj. — 64 U.
1113 **Mihálovics**, Karl. 59 k. k. Off. 60 Päpstlich. 61 Leg. Husz. Oberl. 64 U.
1114 **Mihálovics**... dritter Bruder. 60 Garibaldist. Rittm. d. Piac. Husz. 61 quitt. 64 U.
1115 *Mihálniecz*, Max. Serbe. 62 Leg. Hptm. 63 Dem.
1116 **Mihály**... Obristlieut. 49 KK. Frankreich. England.
1117 *Miklòsi*... A. wahnsinnig geworden.
1118 *Mikovich*, Karl. 48 Hptm. 49 T ..
1119 *Miksa*, Rud , Leg. Wachtm.63 *,Ankona.
1120 *Milde*... 62 Leg. Lieut. d. Jäger.
1121 *Milley*, Josef...
1122 *Millian*, Frz., Honv...
1123 **Milutinovich**, Fürst(?) von Montenegro. 60 Gemeiner bei Garibaldi, goldne Medaille. 61 Leg. Lieut. 62 Genf. 63 Brüssel, Ostende 64 Paris.Glchy.
1124 *Miskowsky*... Polnische Legion. 49 T.
1125 *Mizurai*, Karl. Lieut...
1126 **Mócs**, Jos. 48 Honvédoff. 50 A. In Newyork. Musiklehrer

1127 **Mogyorody,** (Kaiser) Adolf, Ritter v. Kroate. 48 Honv. Lieut. 49 KK. Hamburg. 52 in U. als Emissâr, ergriffen, frei. Dann London. 59 Italien. 60 Garibaldist, Major, Savoyens Orden. 61 *Obristlieut.* Kommandant d. Offiziersdepot in Aqui. 63 entlassen.

1128 **Mohor,** Mich., 48 Hptm. 49 KK. 50 A. Riemer in Neworange. Schiedsrichter der Weltindustrieaustellung. 62 amerikanischer Kapitân.

1129 *Mokra..,* 48 Honv. Spâter Sekretâr Bach's. 62 Lieut. in Aqui, 64 Ankona.

1130 **Molitor,** Gustav. 48 Hilfsoff. 50 mit Irànyi als Kutscher nach der Schweiz. Paris. 54 nach Kalifornien. Geldwechsler, reich. 56 London. Verlor sein Geld. 58 wieder nach Kalifornien.

1131 *Molitor,* Stef., 48 Unteroff. 52 Kalifornien.

1132 *Molnàr...* Unteroff...

1133 *Molnàr ...* 48 Lieut. 49 T ...

1134 *Molnàr,* Albert. 62 Lieut. in Cuneo.

1135 *Molnàr,* Alex. 60 Garibaldist. 63 Legionâr, Turin.

1136 *Molnàr,* Anton. Leg. 62 Dp. Crema.

1137 *Molnàr,* August. 61 Hptm. in Aqui. 62 Dem. Dann Cuneo. 64 U.

1138 *Molnàr ...* Hauptmannsgattin. Aqui, U.

1139 *Molnàr,* Georg. 61 Oberl. in Aqui. 62 Dem. 63 U.

1140 **Molnàr,** Josef. 61 Leg. Lieut. 62 A. 64 in einem Handelshaus in St-Louis.

1141 *Molnàr,* Karl. Leg. Fourrier. 63 *, Ankona.

1142 **Molnàr,** Karl. Zipser. 48 Hptm. Dann k. k. Beamter. 60 Leg. Hptm. 61 Aqui. 62 Dem. U.

1143 *Molnàr,* Mich. 48 Husz. Wachtm. Seit 50 in Orgyes, Walachei.

1144 **Montedego,** Albert de. Sohn des Astronomen in Erlau. 59 k. k. Lieut. 60 pâpstlich. Seit 61 Leg. Oberl. d. Jâger.

1145 **Monti,** Conte Alessandro. 48 *Oberst,* Kommandant der italienischen Legion in Ungarn. 49 T., mit 250 Mann nach Galliopoli. 50 Italien. + als sardinischer Oberst.

1146 *Mowcseinsky ...* Agent. 49 T. ...

1147 *Muntyàn,* Stef. 48 Wachtm...

1148 *Muntyàn,* Ferd. Leg. 63 *, Ankona.

1149 **Murgu ...** Walache. 48 Reichstagdeputirter. 49 im Orient. 61 Reichstagdeputirter.

1150 **Muzsiko,** Georg. 48 Hptm. 49 eingereiht; k. k. Dragoner Lieut. 56—59 bei der Pester Sparkassa. 61 Hptm. in Aqui. 62 Dem. 63 U. Sparkassa.

1151 *Müke*, G. A. Aeltster Neffe des G. A. Wimmer. Bremen.Wien.
1152 *Müller*, Frz. K. k. Kavallerie; 48 ungr. Kavallerie.
1153 *Müller*, Joh. Leg. 62 Dp. Crema.
1154 **Müller,** Stef., 48 *Obristlieut.* Bem's Adj. 49 T. 54 U. † 61 Pest.

1155 N. *N...* 49 oestr. Gefangner in Widdin.
1156 *Nagy...* Leg. Wachtm. 62 nach Sardiuien dp.
1157 *Nagy*, Alex. Gemeiner. † Amerika.
1158 *Nagy*, Dionys. 60 Garibaldist. 63 Leg. Turin.
1159 **Nagy,** Imre. 48 Hptm. 49 T. 51 in Konstantinopel mit Zi-gonyi arretirt, nach A. deportirt. — Dort Weinhändler. † 59 Ungarn.
1160 *Nagy*, Imre. 48 Hptm. 49 T. 51 Brüssel. London.
1161 *Nagy*, Joh., 48 Husz. Gemeiner. 49 T. 51 A. Farmer in Jowa.
1162 *Nagy*, Jos., 48 Unteroff. † in A.
1163 **Nagy,** Karl. 48 Hptm. 49 k. k. Strafgemeiner. 59 desertirt bei Magenta. 60 Garibaldist. 61 Leg. Hptm.
1164 *Nagy*, Karl. Leg. Korp. 63 *, Aukona.
1165 **Nagy,** Ladisl., Jurist. 48 Hptm. 60 Leg. Hptm. 62 U.
1166 *Nagy*, Ludw., Geb. 1830. 48 Oberl. 49 T. 50 A. 52 London. 58 heimlich nach U. 60 arretirt, entsprungen. 61 T. 62 Nea-pel. 63 verhaftet in Genf. 64 verurtheilt in Wien als Bankno-tenfälscher. † 64, in Jicin.
1167 *Nagy*, Moses. Leg. 62 Dp. Crema.
1168 **Nagy,** Paul, 48 Hptm. Seither Professor in London.
1169 **Nagy,** Pauline v., geb. *Ujházy.* 49 A. 56 U, heurathete iu Gömör.
1170 **Nagy,** Peter, geb. 1814. Schiffskadet. 49 Sekret. d. ungr. Gesandtschaft in England. 51 mit Kossuth A. Jezt Lehrer London.
1171 *Nagy*, Stef., 48 Oberl. 49 T. Amnestirt nach U.
1172 *Naherr...* geb. aus Deutschland. 48 Honv.49 T. R. In Bosnien. Jezt Tischler in Adrianopel.
1173 *Nasik...*
1174 **Nedbal,** Fr. Ign. 48 Hptm. 49 KK. Mit Graf Eszterházy Hamburg. London. 60 Garibaldist. Jezt k. ital. Oberst. Platz-kommandant zu Mirandola. Deutscher Schriftsteller.
1175 **Nemegyei,** Felix, Siebenbürger. K. k. Lieut. 48 Major, 49

T, durch Kossuth *Oberst*. 50 Renegat, Aleppo. 54 A. 61 mit Karl Làszlò in Mexiko groszen Mahagonyhandel.

1176 *Nemes*, Lad. Gemeiner. A. Taglöhner.

1177 **Németh,** Gregor. 48 Hptm. 49 T. 51 mit Kossuth in Amerika ...

1178 *Németh*, Jos. 48 Hptm.

1179 **Németh** ... Gemeiner Huszàr. A. 63 amerikanischer *Oberst*. Jezt Thierarzt.

1180 *Nemethy*, Alex.

1181 *Némethy*, Dav. Leg. 62 Dp. Crema.

1182 *Némethy*, Ludw. Kaplan d. poln. Legion. 49 T...

1183 *Neudenbach*, Frz. 48 Oberl. 49 T...

1184 **Neunyi,** Georg. Geb. 1811. K. k. Lieut. 48 Major. 49 T. R. Bosnien. Seit 57 U.

1185 *Neunyi* ... geb. ... Majorsgattin. 49 T.

1186 *Neunyi's* Kindermädchen. 49 T. † Widdin, durch Nothzucht.

1187 *Newdanovics* ... (oder Newdanicsek?) Apotheker. 49 T. R. Bosnien. 53 A. Apotheker.

1188 *Niaciadomski* ... Priester d. polnischen Legion. 49 T. Kiutahia ...

1189 *Nicolay*...

1190 *Nitsner*. Paul. 48 Honv. 49 k. k. Strafgemeiner. 59 k. k. Husz. Lieut. quittirend. 61 Lieut. in Aqui. Jezt Moncaglieri.

1191 *Nodel*.. Hptm...

1192 *Noch*, Jul. Leg. 62 Dp. Crema, Genua, im Kerker.

1193 **Noisser,** Richard, 46 Redakteur des «Vaterland» in Raab. 48 Hptm. 49 T. Redakteur in Schumla. 51 U.

1194 **Novelli...** Kaufmannskommis. 48 Honv. 49 KK. blieb in U. 56 Hamburg. 59 Hptm. in Italien. 61 Genf. 62 Paris. 63 dort Duell mit Bossànyi.

1195 *Nosticius*, Wilh.. 48 Hptm. 49 T...

1196 *Nowakovics*, Joh. Gemeiner. A. Taglöhner.

1197 **Nyàry,** Baron Albert, von Nyàregyhàz. Geb. 1829. 48 Kossuths Sekretär. 59 Belgien. 60 Garibaldist, Kapitän. Jezt in Modena, italienischer und ungrischer Schriftsteller für Fürst Crouy-Chanel.

1198 **Nyàry.** Baronin Emilie, geb. Brettschneider. Modena.

1199 *Nyers*, Joh. Leg. 62 Dp. Crema.

1200 *Nyiri*, Jos. Gemeiner. † in A. Taglöhner.

1201 *Nyitas*, Stef. Gemeiner. 51 Amerika. Taglöhner.

1202 *Nyomorkay*, Hugo. 61 Oberl. in Aqui. 62 Dem. 63 U.

1203 **Nyuly,** Mich. Kumanier. Bauernsohn. 59 Gefangner in Italien. 60 Garibaldist. 61 Leg. Lieut. Dann Amerika.

1204 **Nyujtò,** Math. 48 Husz. Rittm. 49 T. 51 A. 52 †, Amerika.

1205 **O**kruszki, Joh. K. k. Lieut. 61 Lieut. in Aqui. 62 Dem. 63 U.

1206 Olàh, Job. Kavallerist....

1207 **Olmossy,** ... 48 Major. 49 KK. Hamburg. Im Generalstab des von der Holst in Schleswig kämpfend.

1208 **Orbàn,** Blasius Baron von. 49 des Militärdienstes wegen nach Konstantinopel. Ungrischer Schriftsteller, den Orient bereisend. Jezt U.

1209 Orbàn, Nik. Leg. 62 Dp. Crema.

1210 Ordody, ...

1211 **Orosdi,** ... 48 Major. 49 T. R. Aleppo...

1212 Orosz, Frz. 48 Honvédlieut. ... Amnestirt. U.

1213 **Orosz,** Jos. Edler v Baläsfalva. Geb. 1809. 37-42 Redakteur des « Hirnök ». Ungrischer politischer Schriftsteller. Ging im Juli 49 nach Paris, ward protestantisch. † 51 in Versailles, wo er sich, in groszer Noth, erschoss.

1214 **Orosz.** Julius. 48 Lieut. 49 T. Schumla. 50 als Pianist « Julien » in Konstantinopel konzertirend...

1215 **Oroszhegyi,** Szabò, Dr. Josuas. Geb. 1822. Székelyer. Priester, Mediziner, Redakteur. 48 Feldarzt. Hauptmann. 49 zu zehn Jahr verurtheilt. Bis 56 in Josefstadt im Kerker. 57 Dr. geworden. 58 Türkei. Jezt Arzt bei den Tartaren in der Dobrudschka. Ungrischer Schriftsteller.

1216 **Orszàg,** Anton. K. k. Wachtm. 50 desertirend. Fotograf in Paris. 62 amnestirt, Fotograf in Pest.

1217 Orszàg, ... geb. ... Fotografengattin.

1218 Orszàghy, Julius Leg. 62 Dp. Crema.

1219 Orvos, Stef. k. k. Infanterist. 49 Honvéd...

1220 Oszlànyi, Jos. Gemeiner. 51 A. Taglöhner.

1221 Osztoitsinsky, Ant. Pole. Vom 2. Kav. Reg...

1222 Otlik, Sigm. Fourier. 63 *, Ankona.

1223 **Otto,** Andreas. K. k. Lieut. 61 Hauptmann in Aqui. 62 Cuneo. Nach Polen. † 63, gefallen in Polen.

1224 **Ovàry,** (Altstädter) Leopold. 51 Schriftsteller in Arad. 60 Garibaldist, auf dem Schlachtfelde Hauptmann ; Goldmedaille. 61 Leg. Hptmann. Jezt Neapel. Isr.

1225 *Ováry*, ... geb. .... Hauptmannsgattin. Neapolitanerin.
1226 *Ováry*, Peter. Székelyer Gemeiner. 60 Garibaldist. 61 Leg. Oberl. 62 Dem. 63 U.
1227 *Orhalmay*, Jos. 48 Honvéd. 49 T. Gärtner in Konstantinopel. Zurük nach Ungarn.
1228 *Otvös*, Alex.; alias : Franz Wirágh ...

1229 **P...er** (Pauer?) Georg. (Erwähnt von Xantus) 50 A. Hauptgründer der Kolonie « New-Buda » im Staate Jowa. 1854 mit Franz Varga Gründer der Kolonie » New-Arad ».
1230 *P...rni*, Anton. (Von Xantus erwähnt, als Flüchtling in Amerika.)
1231 **Paget,** Oliver. Geb. 1841. Sohn des John Paget u. der Baronin Wesselényi. 60 Garibaldist. Silbermedaille. 61 Leg. Rittm. 62 London, studierend. 63 † in Siebenbürgen.
1232 *Paget*, Eleonor, geb. Paget. Vermählt London,61. Seit 63 Rittmeisterswittwe. Siebenbürgen.
1233 *Pàkh*, Ludw. K. k. Lieut. 62 Leg. Lieut. 63 quittirt. Jezt Walachei.
1234 *Pàl*, Jos. Infanterist...
1235 **Pálfy**, Rudolf. Aus Tata. Honvéd. 50 A. † 53, August, am gelben Fieber in Neworléans.
1236 **Pálffy,** Dominik, Vater. Siebenb. Gutsbesitzer. 48 Hptm. 60 Leg. *Major.* 61 Aqui 62 U.
1237 *Pálffy*, Dominik, Sohn. 61 Legionsgemeiner. 62 U.
1238 *Palkovics*, ...
1239 **Palöczy,** Thomas von. Sohn des Alterspräsidenten der Reichstage. Geb. 1812. Stuhlrichter. 48 Major. 49 KK. 52 wegen Pataki auf mehrere Jahre Kerker verurtheilt. 60 Genf. 61 Leg. Major. 62 Dem. Jezt Turin.
1240 *Pamzay*, Joh. Unteroff. 49 T...
1241 *Pann*, Joh. Wiener. 62 Lieut. Cuneo.
1242 *Pantocsek*, Julius. K. k. Lieut. 63 Lieut. in Cuneo.
1243 *Pantocsek*, ... geb. ... Lieut. Gattin. Vermählt Cuneo, 62.
1244 *Pap*, Gabriel. 48 Honvéd. 49 T. 60 Leg. Oberl. Jezt Ankona.
1245 *Pap*, Joh. 62 Hptm. Auditor d. Legion.
1246 *Pap*, Joh. 48 Lieut. 49 T. R. türkischer Hauptmann.
1247 *Pap*, Stef. Aus Bihar. 48 Lieut.
1248 **Pápafi,** ... senior. K. k. Lieut. 48 Honvéd. 55. A. 59 Italien. 60 Garibaldist. 61 Leg. Hptm. Jezt U.

1249 **Pàpafi,** Timoläus, junior. K. k. Lieut. 48 Hptm 49 T. R. im türkischen Dienst. 60 Gàribaldi-Wachtm. 61 Leg. Hptm. Jezt Saluzzo.

1250 *Pàpay,* Joh. 48 Honvéd. Dann Advokat in U. 62 Leg. Hptm. 63 U.

1251 *Pàpay,* Ludw. 48 Lieut. * Tapferkeitsmedaille. 49 U. 60 Gemeiner bei Piac. Huszàren. 62 Oberl. Cuneo.

1252 *Papdan,* Gregor (Michael?) K. k. Husz. Lieutenant. quitt. 61 Lieut. in Aqui. 62 Dem. 63 U.

1253 *Papp,* Alex...

1254 *Papp,* Jos. 62 Leg. Hauptmann. 63 *, Ankona.

1255 *Papp,* ... geb. ... Hauptmannsgattin.

1256 *Papp,* Jos. Siebenb. 48 Kavallerist. Im 5.k. ital. Kavall. Reg.

1257 *Papp,* Jos. ... aus Szathmàr.

1258 **Papp,** Paul. 48 Oberl. 49 T. R. türkischer Hauptmann. 60 Garibaldist...

1259 *Papp,* Stefan. Leg. 62 Dp. Crema.

1260 *Papp,* Theod. Leg. 62 Dp. Crema.

1261 *Parkovics,* Math. 48 Hptm. 49 Walachei. 61 Hptm. in Aqui. Jezt Glasmaler. Turin.

1262 *Pàrtosy,* Karl. 48 Oberl. 49 KK. Hamburg. 50 A...

1263 *Pasztory,* Joh. Unteroff...

1264 *Pàsztory,* Karl Aus Essek. Hauptmann. A...

1265 *Pàsztori,* ... Lieut. 49 T...

1266 **Patakl,** (Pieringer) K. Mich. 48 Hptm. Bem's Adj. 49 T. 50 England. Als Emissär nach Rendsburg. Verfolgt. Nach Wien.† 51, Okt.hingerichtet in Wien. DeutscherSchriftsteller.

1267 *Patkos,* Jos. Székelyer, 61 Oberl. in Aqui. 62 Dem. 63 U.

1268 *Patz,* Stanislaus. Po e. 62 Legionsarzt. Jest Polen.

1269 *Pazytinsky* ... Pole; polnische Legion. 49 T...

1270 *Pech* ... alias : « Kadàr ». 48 Hptm. 49 T. R. † 56 in Bagdad.

1271 **Perczel,** Moriz, Edler v. Bonyhàd. Geb. 1811. Komitatsagitator, Volksrechte-Vertheidiger. Reichstagdeputirter. 48 *General.* 49 T. 50 Schumla, Kiutahia. 51 Brussa ; London. Darnach Jersey. Jezt Brüssel.

1272 **Perczel,** Julie v., geb *Sàrközy. Generalsgattin.* Geb. 1828. 49 arretirt. 50 nach der Türkei; seither London, Jersey. jezt Brüssel.

1273 *Perczel,* Irma v. Gen. Tochter. Geb. 1845. 49 arretirt. 50 Türkei. Dann England, Belgien ; seit 63 U.

1274 *Perczel,* Moriz v. Gen. Sohn. Geb. 1848. 49 arretirt. 50 Türkei. Studiert jezt in Brüssel.

1 275 *Perczel*, Nik. Soliman v. Gen. Sohn. Geb. 1851 zu Brussa, Kleinasien. Dann Jersey; jezt Amerika.

1276 *Perczel*, Julio v. Gen. Tochter. Geb. 1852, in Norwood. Seit 62 Ungarn.

1277 *Perczel*, Elisabeth v. Gen. Tochter. Geb. 1855, Jersey. Seit 62 Ungarn.

1278 *Perczel*, Alexander v. Gen. Sohn. Geb. 1854, Jersey. Seit 62 Ungarn.

1279 *Perczel*, Hermine v. Gen. Tochter. Geb. 1858, Jersey. Jezt Brüssel.

1280 *Perczel*, Antonie v. Gen. Tochter. Geb. 1860, Jersey. Jezt Brüssel.

1281 *Perczel*, Delicia v. Gen. Tochter. Gcb. 1861, Jersey. † dort 61.

1282 *Perczel*, Bertha v. Gen. Tochter. Geb 1862, Jersey. Jezt Brüssel.

1283 *Perczel*, Georg v. Gen. Sohn. Geb. 1863, Brüssel.

1284 **Perczel,** Nikolaus, Edler von Bonyhád. Geb. 1812. Komitatsagitator, Volksrechtevertheidiger. 48 ungrischer Oberst. 49 T. 50 Kiutahia. 51 London. 52 A. Jezt amerikanischer *Oberst.*

1285 **Perczel,** Hermine v. geb. *Latinovich. Oberstengattin* Geb. 1830; 48 vermählt. 49 T. 50 Kiutahia. 51 London. Seit 52 A.

1286 *Perczel*, Rudolf. 53 k. k. Lieut.; 60 quitt. als Oberl. 61 Feldwebel in der päpstl. Armee. 62 Leg. Oberl. in Aqui. Entlassen. 63 U.

1287 *Perl*, Peter ...

1288 **Perlaky,** Mich. 48 Honvéd. Seit 50 Weinhändler in Zürich. Ungrischer Schriftsteller.

1289 **Péteri,** Joh. Geb. 1826; 49 Lieut. 50 k. k. Strafgemeiner; in Italien desertirt. 51 in Cuba mit General Lopez. Dann Newyork, † 1859.

1290 *Petesch*, Jos. 49 Art. Hptm. 61 Hptm. in Aqui. 62 entlassen wegen Krankheit.

1291 *Pethes*, Ant. Seit 38 k. k. Kanonier. 48 auf dem Schlachtfeld Lieut. 49 Hptm. KK. 60 Gemeiner der Legion in Italien.

1292 *Petrenyi*, Mich. Honvéd ...

1293 *Petrovics*, Alex. 61 Lieut. d. serbisch-kroatischen Kompagnie der ungr. Legion. 63 Dem. Jezt Serbien.

1294 *Pezolt* ... 48 Lieut. 49 T. ...

1295 *Pflasterer*, Franz. Honvéd ...

1296 *Pichler*, Franz ...

1297 *Pichler*, Ludw. Leg. 62 Dp. Crema.

1298 *Pilihowsky* ... 48 poln. Legion. 49 T.

1299 *Pilly,* Nikol. 48 Oberl. 49 T. ...
1300 *Pinczés* (Keller) Lorenz. 64 Leg. Hptm. d. Stabs. 63 *,Ankona.
1301 *Pinczés* ... geb. ... Hauptmannsgattin.
1302 *Pinczés* ... Hauptmannssohn.
1303 *Pinczés* ... Hauptmannssohn.
1304 *Pintzer,* Mart. Leg. 62 Dp. Crema.
1305 *Pischl,* Karl. Aus Deutschland. 62 Lieut. in Cuneo.
1306 *Plosser,* Balth. 48 Honv. Lieut... A.
1307 *Podhajski,* Eug. Hpt. d. poln. Legion. 49 T. ...
1308 **Podhorazky,** Ludw. Erzieher bei Graf Szécsenyi. 49 Paris. Orient. Italien. Jezt Erzieher der Fürsten Karageorgevich. Philologe. Mitglied der ungrischen Akademie.
1309 *Podhorszky,* Ernst. 64 Oberl. in Aqui. 62 Dem. Jezt Walachei.
1310 *Podhraczky* ... 48 Komitatsbeamter. 49 T ...
1311 *Podhradszky,* Karl. 48 Hptm. 49 KK. Hamburg. 50 A. Fotograf.
1312 *Poganovszky,* Kas. Pole. Honv. Hptm. T.
1313 *Pol* ... 48 Lieut. 49 KK. Hamburg. 50 A.
1314 *Polácsek,* Rudolf, Lieut. 49 KK. Hamburg. 50 A.
1315 *Polákovics*... Lieut. 49 T.
1316 *Polczéry*... 64 Leg. Oberl. d. Artillerie. ..
1317 *Pollak*... Lieut. 49 T. Emeute in Schumla. Zu Oestreich übergetreten.
1318 *Polyák*... Gemeiner...
1319 **Pomutz,** Georg, Standrichter, Major. 49 KK. Hamburg. 50 Amerika.
1320 *Pongrácz,* Alois, Hptm. 49 T. 50 A.
1321 **Pongrácz,** Géza. 48 Husz. Lieut. 60 arretirt. 64 Leg. Lieut. 62 Dem. 63 U.
1322 *Pongrácz*... Lieutenantsgattin.
1323 **Pongrácz,** Guido, 48 Hptm. 49 KK. Hamburg. 50 A. Jezt Cuba, Fabriksbesitzer.
1324 **Pongrácz,** Ladislaus. 48 Major. 49 KK. Hamburg. Heurathete dort die Wittwe eines Arztes...
1325 *Pongrácz*... geb... verw.. Majorsgattin.
1326 **Poninski,** Graf Lad., 48 Kav. *Obristlieut.* d. poln. Legion. 54 Brüssel 63 an Spitze eines Insurgentenzugs aus Posen nach Polen.
1327 *Popini,* Joh., Kaufmann. 48 Honv. 62 Leg. Lieut. Jezt Asti.
1328 *Poplawsky*... polnische Legion. 49 T.
1329 *Poschner,* Frz. Wiener Legion. 48 U. 49 T.
1330 *Potholay*... Lieut. 49 T. R. Mit Omer Pascha nach Bosnien.
1331 **Prágay,** Joh. v. 48 *Oberst.* 49 KK. 50 A. † 54, gefallen

heldenmüthig in Cuba unter General Lopez. EnglischerSchriftsteller.

1332 *Prayer*... Nationalgardist...

1333 **Preiss,** Eduard. Aus Deutschland. 48 Major. 49 T. R. Mit Omer Pascha in Bosnien. Seit 58 verschollen.

1334 **Prick,** Jos , Komitatsnotar. 49 T. 50 A. Hauslehrer. 57 mit seinen Zöglingen in Europa. Zurück nach A. heiszt jezt *«Brek»* soll Methodistenprediger sein.

1335 **Prihodn,** Joh. Geb. 1805, Preszburg. 20 k. k. Gemeiner 47 Rittm. 48 Oberst. 49 KK. Schlesien, bei Uechtritz; erschosz drei preuszische Offiziere im Duell. 50 London, Fotograf. 52 Australien, Goldgräber, glücklich. Verschollen seit 54.

1336 *Privalszky*, Jos. Artill...

1337 *Prochowsky*, A. K. dänischer Hofschneider. Seit 43 Dänemark. 48 U. Seit 49 wieder in Kopenhagen.

1338 *Prochowsky*... geb... Hofschneidersgattin.

1339 *Prochowsky*... Dr. Geb. in Kopenhagen. 48 U. Jezt Unterarzt im dänischen Lager.

1340 *Prorok*... 48 Lieut. 49 T. R.

1341 *Przewlocki*, Kas., Kapitän d. poln. Legion. 49 T.

1342 **Przmiensky,** T... 48 Oberst. Pole. 49 T. Kiutahia.

1343 **Przylemski,** Julian. 48 Honv. Obristlieut. Pole. 49 T.

1344 **Puky,** Nik. v. Geb. 1815. Vetter des Grafen L. Teleki. Reichstagdeputirter. Regierungskomissär. 49 über Serbien ins Ausland. Seit 50 Besitzer der Buchdrukerei «Pfeffer u. Puky» in Genf. Spielhausdirektor. Trabant James Fazy's. Im Trunk versinkend. Französischer Schriftsteller. Lp.

1345 **Pulszky,** Frz. Aurel, Edler v. Lebòcz und Cselfalva. Geb. 1814. Reformmitglied, Deputirter. 48 k. ungr. Unterstaatsekretär in Wien, Oktoberrevolution; 16 Dez. nach Polen geschikt. 49 in Krakau arretirt, nicht erkannt; am 2 März in London. Dort ungr. Gesandter. 51 mit Kossuth Amerika. Seit 60 Florenz. Ungrischer, deutscher, englischer, italienischer Schriftsteller und Journalist. Besitzer der Herrschaft Szécseny.

1346 **Pulszky,** Therese v. geb. Walter. Geb. 1819, Berlin. Bankierstochter, Wien. 49 London. Englische und deutsche Schriftstellerin. Jezt Florenz.

1347 *Pulszky*, August v. geb. 1846, Wien, 50 London. 63 Turin ; studirt jezt in Pest. Schreibt für Journale.

1348 *Pulszky*, Gabriel v. Geb. 1847, Szécseny. 50 London. Jezt Kings College, London, Ingenieur.

1349 *Pulszky*, Julius v. geb. 1849, Balog. 50 London. † 63 Florenz.

4

1350 *Pulszky*, Henriette v. geb. 1850. London. Jezt Florenz.
1351 *Pulszky*, Karl v. geb. 1853, London. Jezt Florenz.
1352 *Pulszky*, Polyxena v. geb. 1857. London. Jezt Florenz.
1353 *Pulszky*, Garibaldi v. geb. 1861. Turin. Garibaldi's Täufling.
1354 *Puneky*... 48 Honv. 53 Ansiedler in Neworléans. A (Xantus).
1355 *Puskás*... desertirt aus Böhmen (?) ...

1356 Quassy...

1357 Raab... Chemiker. 48Husz. 49 England, sich vermählend. Jezt Fabriksbesitzer, Kopenhagen.
1358 *Raab*... Frau, geb... Engländerin. Kopenhagen.
1359 *Rabbati*, Andr.. Hunyadi-Huszàr...
1360 *Rácz*, Georg. ...
1361 *Rácz*, Karl. 48 Lieut. 49 T...
1362 *Ráczy*, Stef. 48 Lieut. 49 T...
1363 **Radnics,** Imre. Geb. 1822. 48 Pionirhauptm. 49 KK. Hamburg. 50 A. Mit Oberst Pràgay nach Cuba. 1 1/2 Jahr in spanischer Gefangenschaft. Mexiko. 61 amerikanischer Kapitän. 62 zurük nach U.
1364 **Radnics,** Joh. Geb. 1824. Kleriker. 48 Artill. Kapitän. 49 KK. Hamburg. 50 A. Ingenieur. Seit 62 Hptm. der ungr. Legion in Italien.
1365 **Radnics,** St. Geb. 1827, 48 Art. Lieut. 49 KK. Hamburg. 50 A. Zimermann. Amerikanischer Kapitän.
1366 *Radnik*, ... Lieut. 49 KK. Hamburg. 50 A.
1367 *Rajhò*, Jos. Leg. 62 Dp. Crema.
1368 *Rákonyi*, Joh. oder Ludw. Kavallerist...
1369 *Ràkossy*. ... 48 Oberlieut. 49 T. Dann Paris. Zurük nach U.
1370 *Rakovszky*, 48 Honv. 61 Lieut. in Aqui. 62 Dem. U.
1371 **Rakowszky** ... Major. 49 KK. Hamburg. 50 A (?)...
1372 *Raksànyi*, Dionys. K. k. Lieut., päpstl. Officier. 60 Lieut. in Aqui. Jezt Sardinien.
1373 **Ráth,** Nàudor. Geb. 1832. Kämpfer der Wiener Aula. Held von Piski; * Medaille. 49 Widdin. 50 Frankreich. Handelsreisender. Jezt gröszter Spitzenfabrikant Frankreichs, in Paris und Calais.

1374 *Rèdei*, Mich. Leg. 62 Dp. Crema.

1375 *Redel*, ... Pole. 49 T. R.

1376 *Redl*, Ludw. K. k. Lieut. 61 Lieut. in Aqui 62 Dem. 63 U.

1377 *Regelsberger*. Dr. ... 49 T. R. 50 Bosnien. Jezt Konstantinopel.

1378 **Reh,** Joh. 48 Rittm. 60 Rittm. d. Piacenzahuszàren. 61 Eskadronschef der Legion...

1379 *Reich*, Karl. Gemeiner...

1380 **Reinfeld,** Dionys. Kaufmann. 48 Major. 49 London. 60 Garibaldist. 61 Legionsmajor. 62 verjagt. Jezt Turin, Mitglied des Unabhängigkeitskomité. Guter Kartograf. Isr.

1381 **Reisinger,** Baron. ... 48 Lieut. 49 T. R. 50 Bosnien. 51 verschwunden.

1382 **Reisinger,** Franz. Handelskommis. Lächerlicher Pester Journalist. 49 Hamburg, Publizist über Ungarn. Jezt Redakteur-Eigenthümer der « Mittelrhein. Zeitung » in Wiesbaden.

1383 *Reisinyer*, ... Frau, geb. ... Schauspielerin, aus Mainz.

1384 *Reisnig*, Viktor. Tyroler. 62 Oberlieut in Cuneo.

1385 **Reis,** ... 48 Lieut. 49 T. R. Bosnien. A. Schuster. 60 Legionsoberlieut. † 62, Neapel. Isr.

1386 *Reiter*, Jul. Leg. Wachtm. 62 Dp. Crema.

1387 *Rèkàsy*, Raimund. 48 Hauptmann. 49 T...

1388 **Reményi,** (Hoffmann) Eduard. *Soloviolonist der Königin von England.* Geb. 1830. Paris. London. 48 Görgei's Leibmusikus ; in der Schlacht bei Pered. 49 KK. Hamburg. Bei Liszt in Weimar. England. Amerika. Italien. 59 U. 63 zu Liszt nach Rom.

1389 **Reményi,** Jos. 48 Hptm. bei Dom Miguel. 49 KK. Jezt Amerika.

1390 *Reményi*, ..,

1391 **Rènyi,** (Sràiner) Karl.K.k. Lieut. 60 Garibaldist,Kommand. d. franz. Legion. 61 Legionsmajor. 62 Walachei. 63 Turin.

1392 *Rèpàsi*, Joh. Vom 110. Honvéd. Bataillon...

1393 *Repha*, Mich. Leg. 62 Dp. Crema.

1394 *Reuss*, ... Lieut. 49 T. R. Bosnien.

1395 *Richtàrsky*, Anselm.

1396 *Rikki* ...

1397 *Robitschek*, Wilhelm. 48 Oberl. 49 T...

1398 **Rochlitz,** Albert. Geb. 1824. 48 Görgei's Adjudant, Pionirhauptmann. 49 KK. Hamburg. London, Sprachlehrer. Jezt reich, zu Melbourne in Australien.

1399 **Rochlitz,** Koloman. Geb. 1825. 48 Generalstäbler. Jezt zu Melbourne, Australien.

1400 **Rohmer,** ... 48 Artill. Hptm. 49 A. 59 Legioushauptmann in Italien. 61 A.

1401 **Ròkal,** ... Sekretär des Schweizer Geschäftsträger in Kalifornien.

1402 **Rombauer,** Theodor. Geb. 1815. Eisenfabrikdirektor. 48 ungrischer *Ministerialchef;* Direktor der Waffenfabrik. 49 KK. Hamburg. 50 A. † 58, in St-Louis.

1403 **Rombauer,** Robert. Geb. 1840. 49 KK. Hamburg. 50 A. Jezt amerikanischer *Oberst.*

1404 **Rombauer,** Louise, geb. *Dadányi,* verw. Gräfin *Th.Dembinszky.* 49 T. Widdin. Kiutahia. 50 A. Jezt Oberstgattin.

1405 *Rombauer,* Roderich. Geb. 1842. 49 KK. Hamburg. 50 A. Jezt amerikanischer *Kapitän.*

1406 *Rombauer,* Roland. Geb. 1843. 49 KK. Hamburg. 50 A. Jezt amerikanischer *Lieutenant.*

1407 *Rombauer,* Guido. Geb. 1844. 49 KK. Hamburg. 50 A. Jezt amerikanischer *Kapitän.*

1408 *Rombay,* Dr. ... 49 T. R. 50 Bosnien. Soll nach Frankreich sein...

1409 **Römer,** Florian,Dr. Benediktinerabt. Geb. 1815. 48 Feldprediger. 49-54 verbannt nach Oestreich. Naturforscher, Mitglied der ungrischen Akademie. Ungrischer Schriftsteller. Jezt Pest.

1410 **Rònny,** Hyazinth, Dr. Geb. 1814. Benediktiner. 48 Regierungskomissär. 49 in Ungarn, verstekt. 50 Polen, Hamburg, Brüssel. Seither London. Mitglied der ungrischen Akademie. Ungrischer Schriftsteller. Paleontograf. Lehrer der Herzogin von Sutherland im Ungrischen.

1411 *Ròsa,* Joh. ... Leg. Italien...

1412 *Rosenberg,* Fritz. 48 Honvéd. Dann Legion in Italien.

1413 **Rostl,** Paul von. Geb. 1830. Schwager des Baron Eötvös. 48 Ministerialbeamter. Von 49 an in Nord- u. Südamerika, Mexiko, Habana. Humboldt's Korrespondent. Ungrischer Schriftsteller. Seit 61 Mitglied d. ungr. Akademie.

1414 **Roth,** Dr. Mathias. Geb. 1818, Kaschau. 48 Generaldirektor der ungrischen Feldärzte, nach dem Ausland geschickt, in Oestreich arretirt; auf Parole entlassen. 49 England. Seither praktischer Arzt in London und Brighton. Englischer medizinischer Schriftsteller.

1415 *Roth,* Maryanne, geb. Collins. Doktorsgattin Vermählt London, 52.

1416 *Roth,* Bernhard. Geb. 53. London.

1417 *Roth*, Juba-Anna. Geb. 54. London.
1418 *Roth*, Heinrich Ling. Geb. 55. London.
1419 *Roth*, Normann. Geb. 57. London.
1420 *Roth*, Imre. Reuter. Geb. 58. London.
1421 *Roth*, Walter. Geb. 61. London.
1422 *Roth*, Richard Cuvier. Geb. 63. London.
1423 *Roth*,... Lieut. 49 KK. Hamburg. 50 A...
1424 **Rózsnfy,**(Brn.Rusiczky) Math. Geb. 1830, Komorn. 48 Kleriker, Journal. Redakt. des geheimen « Komàromi Ertesitô ». Makk's Parteigänger. Protesteur gegen Komorns Uebergabe. 49 durch ganz Siebenbürgen gehezt, aus dem Kerker entsprungen. In Kiutahia bei Kossuth. 50 Zurük nach Ungarn als Emissär; überall entkommen. 51 London. Ungrischer Journalist. 54 Agitator der deutschen Legion in England. 58 A. Peekskill, Farmer.
1425 *Rózsafy*, Joe. Frau, geb. Wride. Aus London Vermählt 54. 58 A. Peekskill.
1426 *Rózsafy*, Zsiga Mòr. Sohn. Geb. 1856, London. † 60, A.
1427 *Rózsafy*, Lilla. Tochter. Geb. 1860. A. Peekskill.·
1428 **Rozàtl,** Stef. 48 *Jägermajor.* 49 T. Seitdem zurük nach U.
1429 *Ruprecht*, Alex. 48 Hptm. Seither A...
1430 *Ruprecht*, ... 48 Lieut. 49 T...
1431 **Ruscsàk,** ... Schneider in Hamburg. 50 durch Pataki in die Verschwörung in Rendsburg verwickelt,an Oestreich ausgeliefert ; verurtheilt.
1432 *Rutkai*, ... 53 A. Büchsenmacher.
1433 **Ruttkny,** Louise von, geb. *Kossuth,* zweite Schwester des Gouverneurs. Geboren 1818. Komitatsbeamtensgattin. 49 in Groszwardein arretirt, nach 6 Monat frei. 51 wieder arretirt, nach Wien gebracht, aus der Monarchie verbannt. 52 Belgien. 53 A. In Cornwall Mädcheninstitut. Jezt Brooklyn.
1434 **Ruttkny,** Ludwig von. Geb. 1839. 53 A. Dr. der Rechte und Beamter am Zollamt in Newyork.
1435 **Ruttkny,** Bèla von. Geb. 1841. 53 A. 63 Adjudant Asboths. Amerikanischer *Kapitän* in einem Negerregiment.
1436 **Ruttkny,** Gàbor von. Geb. 1846. 53 A. Jezt Beamter des Zollamts in Newyork.

1437 **Sàghy,** Ant. 48 Rittm. Klapka's Küchenmeister. 60 Leg. Major. 62 verjagt wegen Feigheit. 63 U.

1438 *Safrànyi*, ... Privatier. 49 T...

1439 *Sajò*, Georg. Schneider. 60 Garibaldist. 61 Oberlieut. der Legion...

1440 **Salamon,** Adam von. Geb. etwa 1830. 48 Rittm. 60 Legionsrittmeister. Jezt Mailand.

1441 *Salamon*, Franz. Honvéd. A.

1442 *Salkowsky*, Mich. Oberlieut. 49 T. Schumla...

1443 *Sàllai*, ... soll des Raübers Rosa Sàndor Genosse gewesen sein... (?)(Ihàsz).

1444 *Salleg*, Leopold. 48 Honvéd. Klapka's Bursche...

1445 **Sàndor,** Franz. *Major*. A...

1446 *Sàndor*, Gàbor. Leg. 62 Dp. Crema.

1447 *Sàndor*, Josef. 60 Garibaldist. 62 Dp. Crema. 63 *, Ankona

1448 **Sànta,** Stefan (Kristian?) 48 *Huszàrenobrist*. Seither Moldau...

1449 *Sànta*. Josef. Lieut. 49 T... A. (?)

1450 *Sàrai*, ...

1451 **Sàrossy,** Julius. Weiblicher (?) Offizier (Nach Korn). 49 T. Schumla. 50 A.

1452 **Sàrpy,** Stef. K. k. Lieut. 48 Rittm. 60 Garibaldist, sehr ausgezeichnet. 61 Legionsrittmeister. 62 A. amerikanischer *Arméemarkatender*.

1453 *Sàrréty* (Scharitzer) Jos. 48 Honvéd. Dann k. k. Gendarmerie-Lieut. 61 Hauptmann in Aqui. Cuneo. Preszburg. U.

1454 *Sartori*, Imre...

1455 *Sàrvàry*, Vendelin. Leg. 62 Dp. Crema.

1456 **Scheidenberg,** ... K. k. Hauptmann. 48 *Pionirmajor*. 49 T. R. 50 Bosnien...

1457 **Scheiner,** Benjamin. 48 Honvéd. Jezt Chef des Handelshauses Montevideo, La Plata.

1458 **Scheinert,** Ferd. Geb. 1812, Temesvàr. Stadtnotar, Adv. 48 Stadthptm. v. Arad. Polizeidir 49 Kriegsgericht. 51 verurth. z. Tod. 6 Jahre Josefstadt, Komorn. 56 frei. Adv. 58 A. Jezt Newyork. Lehrer.

1459 **Scheiter,** Georg. Ritter von. Geb. 1830. K. k. Kadet. 48 Lieut.; in der Schlacht bei Moor verschwunden. 49 k. k. Gnadengehalt. 50 k. k. Oberl. 56 arretirt, Gratz internirt. 60 Garibaldist. *Savoyerorden*. 62 Legions-*Obristwachtmeister*. Verwandt mit Karàcsonyi.

1460 *Scheringrat*, Jos. Kroate. K. k. Kadet. 60 Garibaldist. 61 Legion. 62 Paris, Journalkorrespondent. 63 mit Lapinszki nach Schweden. Jezt dort Fotograf.

1461 Schiller, S. M. Rabbiner, Eperies. 48 Pionir. 50 Rabbiner zu Manchester. Isr.

1462 *Schindler,* Anton. Ritter von. 48 Honvéd. Seit 50 Paris. Juwelier. Ritter des spanischen Ordens Karl II. Isr.

1463 *Schindler,* Dr. ... 48 Militärarzt. 49 T. Zurük nach Ungarn. Arzt in Füred. Pest. Paris. Isr.

1464 *Schindler,* Josef. Oberlieut. d. deutschen Legion in Ungarn...

1465 *Schlech,* Anton. Leg. 62 Dp. Crema.

1466 *Schlesinger,* ... 48 Hauptmann. 49 KK. Hamburg. 50 A.

1467 *Schlesinger,* Ferdinand. Artillerielieut...

1468 *Schlesinger,* ... Diente unter Walker in Nikaragua; dann in Costa Rika.

1469 Schlesinger, Max. Geb. 1829, Ungarn. Arzt, 48 Redakteur. 49 Berlin. 50 London. Redakteur der « Englischen Korrespondenz. » Deutscher und englischer, vorzüglicherSchriftsteller Isr.

1470 *Schlesinger,* ... Frau, geb. ... London.

1471 *Schmichér,* Josef. Aus St-Pölten. 48 Hauptmann. Dann A.

1472 *Schmid,* Franz. Honvéd.

1473 Schmidegg, Graf Koloman, von Sàr Ladàny. Geb. 1830, Zips. 48 Adjudant von Damjanics. 49 Paris, Brüssel. Paris ; kaufte sich ein Haus, darin er 1857 starb. Litt sehr an seinen Wunden.

1474 *Schmidt,* Sebast. Lieut. 48 Türkei...

1475 Schneider, Dr. Anton. Ritter von. Geb. 1817. Temesvàr. 48 Bem's Arzt, Chef Stabsarzt der ungrischen Armée. * Medaille. 49 T. R.Fünf Jahre in Syrien internirt. Im Krimfeldzug türkischer Feldstasbarzt, Groszoffizier des Medjidiordens. Kapitulant von Kars. 61 Corfu. 63 Turin, Oberstfeldstabsarzt.

1476 *Schneider,* Franziska, geb. Czauner. Geb. 1831, Temesvàr. Vermählt Aleppo 1853. Oberst-Stabsarzt-Gattin.

1477 *Schneider,* Irene. Geb. 1856, Konstantinopel ; jezt Turin.

1478 *Schneider,* Alfred. Geb. 1858, Konstantinopel ; jezt Turin.

1479 *Schneider,* Gizella. Geb. 1860, Konstantinopel ; jezt Turin.

1480 *Schneider,* Ottilia. Geb. 1862, Corfu ; jezt Turin.

1481 *Schnell,* Alois. Korporal...

1482 *Scholz,* Josef. ... Zurük nach Ungarn.

1483 Scholz, Karl. 48 Hauptmann. 49 KK. 50 A. 57 Seehafeningenieur, Washington.

1484 *Scholz,* ... Frau, geb. ... Vermählt 1856. Amerikanerin. Aus selber Familie mit den Frauen Luley, Strausz, N. Szabó.

1485 *Schön,* Joh. Im 14. Honv. Bat...

1486 **Schœpf,** Albin Franz. Geb. 1822. K. k. Artill. Lieut. 48 Gemeiner, *Major.* 49 T. R. Lehrer in Aleppo. 51 A. Küstenvermessungsingenieur. 61 amerikan. *Brigadegeneral.* Held von Camp Wild Cat.

1487 *Schramm,* Alex. Deutsche Legion in Ungarn...

1488 *Schulzer,* ... 48 Honvéd. Weiszgärbermeister in Kopenhagen.

1489 *Schulzer,* ... geb. ... Dänin.

1490 *Schüler,* Karl. Im 7. Honv. Bat...

1491 *Schwarczenberg,* ... 49 T. R.

1492 *Schwartz,* Albert. ...

1493 *Schwarz,* Karl. ...

1494 *Schwörz,* ... Lieut. im 115. Honv. Bat.

1495 *Scritek,* ... Lieut. 49 T...

1496 *Seifele,* Eduard. Hptm. im 75. Honv. Bat...

1497 **Scherr-Thoss,** (Schertosz) Graf Arthur. Geb. 1820. in Preussen. Besitzer der Herrschaften Jablonka und Telepóz. 48 Honvéd. Dann London, Genf, Paris. Deutscher *Schriftsteller* über Ungarn. Lp.

1498 **Scherr-Thoss,** Eveline. Gräfin, geb. *Hermann.* Aus Würzburg. Geb. 1837. Genf. Paris.

1499 **Scherr-Thoss,** Graf R. .. (Friedrich?) Geb. 1821. London. Ordensverkaüfer. † im Strafhaus, London. « False pretency and conspiracy. »

1500 **Semsey,** Arnold. 61 Leg. Hptm. † 62, Potenza

1501 **Semsey,** Dionys. 60 Garibaldist, Gemeiner, Soll den Crocco niedergehauen haben ; schwer verwundet. Georgenkreutz. 62 bei Aspremonte, dafür 2 Monat Kerker. 63 U.

1502 **Semsey,** Koloman. Geb. 1829. Kleriker. 48 Oberlieut. 49 T. Widdin, mit Hauslab zurük. 50 k. k. Strafgemeiner. 51 desertirt mit noch 30, Hamburg. 52 A. Taglöhner 55 London, Fremdenlegion. 61 A, amerikanischer *Major.* Jezt Fotograf, Newyork.

1503 *Semsey,* Franziska, geb. *Haubold.* Geb. 1841, Dresden. Jezt A. Majorsgattin.

1504 *Semsey,* Franziska. Tochter. Geb. 1858. London. Jezt A.

1505 *Semsey,* Kálmán. Sohn. Geb. 1859, Newyork.

1506 **Semsey,** Leopold. 60 Garibaldist ; Gemeiner ; erhielt Orden. 62, bei Aspremonte gefangen. 63 U.

1507 *Serbàn,* David. 48 Honvéd. Seither Leg. Lieut.

1508 *Serbàn,* Joh. 60 Garibaldist. 63 Legionàr, Turin.

1509 *Seress,* Ludw. Goldarbeiter. 48 Honv. 49 Bukarest. Jezt dort Goldarbeiter.

1510 *Serky*, Mich. 5 Honv. Bat...

1511 *Seybold*. ... 48 Hptm. 49 T. R. 50 in Bosnien, 51 A.

1512 **Siegel**, ... Wiener. Prälatensohn. 48 Wiener Student, Honvéd. 49 T. R. türkischer Hauptmann. 51 mit Kossuth A. Verbesserer der Nähmaschienen durch Magnetism. 55 Fabrik in Paris. 58 A.

1513 *Siegel*, ... geb. ... Wienerin. 49 A. 55 Paris. 58 A.

1514 *Sift*, Joh. ...

1515 **Silberleithner**, Karl 48 Honvéd. 49 T. Ingenieur. Soll jezt in der Walachei sein. Hàmory's Freund.

1516 *Simegyi*, Josef. ...

1517 *Simoncsics*, ... Hptm. 49 KK. Hamburg. 50 A.

1518 **Simoncsics**, ... Slovake, 48 Major. Jezt *Obristlieut.* der Legion, Turin.

1519 *Simonyi*, Alex. 60 Garibaldist. 63 Legionär. Turin.

1520 **Simonyi**, Ernö. Slovake. Stuhlrichter. 48 Oberl. 49 KK. Hamburg. Als Erzieher, mit Engländern in Italien. 59 Leg. Kapitän. 61 in Ungarn zum Reischstag gewählt. Erhob im Auslande Archivschätze über Ungarn, die die ungrische Akademie 62, in 2 Bänden publizirte. Jezt Geschäftsréisender. Lp.

1521 *Sinko*, ...

1522 *Sipos*, Joh. † A.

1523 *Sipos*, Paul. 48 Wachtm. 50 A. Jezt Washington.

1524 *Sipos*, ... 49 T. Gastgeber in Schumla.

1525 *Sckrancszki*, Anton...

1526 *Smid*, Mich. Legionär. 63 *, Ankona.

1527 **Smolikowski** ... Pole. 48 Hptm. 50 Brüssel. 54 Australien; ging zu Grunde.

1528 **Sobolewski**, Graf J. W. Pole. 48 Kapit. d. poln. Legion. Dann holländischer Schriftsteller über Ungarn.

1529 **Sokulski**, Franz. Pole. 48 Geniemajor d. poln. Legion. 49 T. Zivilingenieur. Konstantinopel.

1530 *Solakowski*, ... Pole. 49 T. R.

1531 *Soltèsz*, ... Lieut.

1532 **Somlay**, Joh. Walache Siebenbürgens. K. k. Kompagnieschuster. 48 Honv. 49 K. k. Strafsoldat, desertirt. 60 Garibaldist, sehr tapfer. 61 Leg. *Hauptmann*.

1533 *Somogyi*, Alex. 29 Honv. Bat. † A.

1534 *Somogyi*, Jul., K.k. Lieut. quitt. wegen Duell. 60 Husz. Oberl. d. Legion, entl. wegen Duell. Seit 62 wieder bei d. Legion. 63 *, Ankona.

1535 **Somsich,** Joh. v. Bruder des berühmten Deputirten Paul v. S. — 48 *Major* : 49 T. 50 Brüssel. 54 A. † 56; zu Florida.

1536 *Sorrélyi*... 60—63 Hptm. in Aqui. 64 U.

1537 **Spaczek,** Dr... 48 *Oberarzt* d. poln. Legion. 49 T. Kossuths Arzt in Kiutahia. 50 A. † 59, Newyork.

1538 *Specht*, Leopold, 48 Hptm. 49 T...

1539 **Spelletics,** Felix, 48 *Reichstagdeputirter*. Reg. Komm. 49 Posen. Hamburg. 50 A. Jezt Farmer, Davenport.

1540 **Spelletics,** Felix, junior. Geb. 1843. 49 A. 62 amerikanischer Kapitän, der «Held von Donnaldson».

1541 *Spelletics*, Stef., Zweiter Sohn. 49 A.

1542 *Spelletics*, Etelka. geb... Gattin des Deputirten. 49 A. Davenport.

1543 *Spiszák*, Mich., 54 Honv. Bat.

1544 *Spitzer*... 48 Honv. 49 T. Schneider. Jezt Kaufmann in Bagdad. Isr.

1545 *Spitzer*, Dr... Protomedikus des osmanischen Reichs, Isr.....

1546 **Splényi,** Baron Ludwig. Geb. 1820. Generalssohn ; Schwager Guyons. K. k. Rittm. quitt. Deutscher *Dichter*. 47 Italien 48 Carlo Alberto's Freund, *ungrischer Gesandter in Turin*. 50 England, englischer Dichter. 55 T. R. 58 Paris. im grossen Elend † Jan .60 in Konstantinopel. als — tanzender *Derwisch!*

1547 *Sprecher*... 48 Lieut. d. deutschen Legion Ungarns.

1548 **Sréter,** Ludw. Edler v.Szandà. Geb 1813. 47 k.k. Premierrittm. 48 von Prag kühn mit ganzer Eskadron bis Ungarn. 49 Oberst, rechten Arm verwundet, kampfunfähig. Vilagos. Gräfenberg, Berlin, Hamburg. 50 Brüssel. 59 Napoléon III beigegeben. 60 Kommandant d. ungr.Legion in Italien. 61 Dem. 62 wieder Brüssel.

1549 *Sröder*...

1550 **Stahel,** (Szàmvald) Julius, geb. 1830. 48 Guyons Adjudant Tyfus in Komorn. Mit Görgei bis Vilàgos. 49 Ausland. 50Pest, Buchhändler *Emich u.Szàmvald.* 56 A. Gründer der «Newyork Illustrated News», hiesź von da ab *Stahel*. 61 Obristl. bei Blenker. Oberst zu Bull Run. 62 Held bei Port Republik. 63 amerikanischer *Generalmajor*.

1551 **Staindl,** Frz.. Wiener Geb. 1830. 48 Honv. KK. Wien. Reitmeister. 60 Genf. Zu Garibaldi als Gemeiner, tapfer, ward Lieut. Jezt k. ital. Hptm. im 52. Inf. Reg. Mondovi, 4 Orden.

1552 **Staindl,** Emilie, geb. Wölfle. Wiener Lokalsängerin. 59 Zürich. 60 Markatenderin bei Garibaldi. Jezt Mondovi. Hptm. Gattin.

1553 **Stancsics,** Tivadar Geb. 1826. Bács. Bei Weingroszbändler A. Schwartzer, Wien. 50 A. Schwartzers Kellerm. Newyork.

1554 *Stanj*, Nik., 60 Garibaldist. 63 Leg Turin.

1555 **Stankovics,** Adam (oder Szilárd) Raitze. K. k. Husz. Lieut. 48 Rittm. 50 k. k. Polizeikomissär. 60 Leg. Rittm. 63 Cuneo.

1556 *Stankovics*, Josef...

1557 *Steier*, Frz.. Leg. 63 *, Ankona .

1558 **Stefan,** Erzherzog von Oestreich, *Palatin von Ungarn*. Geb. 1817 in Ofen. 46 Gouverneur von Böhmen. 47 Palatin von Ungarn. 48 zur Armée; Platensee, mit Jellachich; dann entflohen. Seither in Schaumburg, auf dem Gute seiner verst. Mutter, und in Holzapfel, Herzogthum Nassau, Schulen gründend. 57 auf Besuch in Wien.

1559 **Stefanowsky...** 48 *Oberst*, bei Klapka's Generalstab. .

1560 **Stein,** E. M. Baron. Geb. in Deutschland. 40 bei Don Carlos. Dann k. k. Major 48 ungr. General. 49 T, in der Walachei fast verbrannt. Widdin. R. Aleppo. 55 türkischer *Generalmajor*, «Ferhad Pascha». Mit Bangya u.Türr in die Tscherkessenhändel verwickelt. † 58, vergiftet auf Befehl des Groszherrn.

1561 *Stern*...

1562 *Stichardt*, Vinz 60 Garibaldist. 63 Leg. Turin.

1563 **Stoffregen,** Ludw., geb. 1815, Braunschweig. 45 Musiklehrer, Ungarn. 48 Hptm. und Spitalkommandant. 49 KK . 50 London. Seither englischer religiöser *Dichter*, gemüthskrank.

1564 *Stojowski*, Stef., 60 Garibaldist. 61 Oberlieut. in Aqui. 62Dem. Jezt Polen.

1565 *Straller*, Ferd., 48 Unteroff. 49 T.

1566 **Strausz,** Alex. Bruder des Pester Pferdehändlers. 48 Lieut. KK. Hamburg. 50 London. 51 A. 56 sich dort vermählend. 57 Chef des hydrografischen Reg. Bureau's, Washington.

1567 *Strausz* ... geb. ... 56, vermählt, Washington, Schwester der Frauen Lulay, Scholcz, Szabó.

1568 *Strasser*, Jos. Honvéd ...

1569 *Strekács*, Ant. 3. Honv. Bat.

1570 **Strelecki,** August von. Pole. K. k. Offizier. 38—46 in Untersuchungshaft, Siebenbürgen. 48 ungrischer *Obrist*. 49 Schweiz. 56 erschoss A. v. Asztalos im Duell zu Genf. Weinreisender für A. de Luze. Klapka's Intimus. † 63, heldenmüthig gefallen in Polen, Taczanowski's Rückzug deckend.

1571 *Strobel* ... Honvéd. Friseur. London.

1572 **Strobel,** Franz. Ofner. 48 Lieut. 49 k. k. Strafsoldat. 50 aus Tyrol nach Bayern desert. Schweiz. Paris. Jezt Friseur, Hausbesitzer, London.

1573 *Strobel* ... geb. ... Wienerin. Friseursgattin. London.

1574 *Ströbel* ... Komitatsbeamter. 49 T...

1575 *Stvorik,* Mich. 48 Hptm. 50 Wirth. 61 Hptm. Aqui. 62 Dem. 63 U.

1576 *Stvorik* ... geb. ... Hauptmannsgattin.

1577 *Stworzynsky,* Ignaz. Pole. 48 Honv. Oberl. 49 T.

1578 *Surgent* ... Honvéd ...

1579 *Süttö,* Lorenz. Honvéd. 51 A.

1580 *Svaba.* Math. Leg. 62 Dp. Crema.

1581 *Sveikel* ... 48 Honvéd. 50 A. † 62, als amerikanischer Unteroffizier, Washington.

1582 **Sz.** ., ..., Paris, 1853. Denunziant des Versteckorts der ungrischen Krone.

1583 **Szabad** (Freyreich) Imre. Englischer Sprachlehrer, Pest. 48 ungrischer Journalist, im Ministerium. 49 KK. 50 Edinburgh, englischer *Schriftsteller.* 60 Garibaldist.61 Leg. Hptm. 62 A. amerikanischer Kapitän. Seit 63, Gefangner in Richmond.

1584 *Szabady,* Paul. Lieut.

1585 *Szabady,* Alex. Leg. 62 Dp. Crema.

1586 *Szabaszlay* ... Unteroffizier. † A.

1587 *Szabò,* Alex. Leg. Korp. 63 *, Ankona.

1588 *Szabò,* Andr. 31. Honv. Bat. ...

1589 *Szabò,* Anton ...

1590 **Szabò,** Imre von. Geb. 1820. K. k. Lieut.; k. ungr. Gardist. 48 *Obrist, Kriegsminister* ad interim. Ins Ausland geschickt. 49 wieder Ungarn. Unterstaatssekretär. Debreczin. August ins Ausland. Paris, London. 59 Italien. Jezt London, Kohlenhändler.

1591 *Szabò,* Frz., Unteroff. † A.

1592 *Szabó,* Gustav. 62 Leg. Oberl. Turin.

1593 **Szabò** (...) Hugo. Pole. 60 Garibaldist, Gemeiner. 61 Leg. Hptm. 62 Dem.

1594 *Szabò* ... geb. Hauptmannsgattin.

1595 *Szabò,* Ignàr. Unteroff. † A. Ohio.

1596 *Szabò, Ignàr.* Székelyer. 48 Oberl. 61 Oberlieut. Aqui. 62 Dem. 63 Siebenbürgen.

1597 **Szabò,** Iran. 48 Hptm. Dann Fotograf, Edinburgh. † 58, Edinburgh.

1598 **Szabò,** Joh. 48 Houvéd. 57 Sekretär der Vereinsstaaten-
münze, San Franzisko. Reich.
1599 **Szabò,** Nikolaus. 48 Honvéd. 57 wohlbabender Buchhändler, Washington.
1600 *Szabò* ... geb. ... Buchbändlersgattin. Schwester der Frauen
Lulay, Scholcz und Strausz.
1601 *Szabò,* Joh. ...
1602 **Szabò,** Josef. 48 Lieut. 49 T. † 59 Konstantinopel.
1603 *Szabò,* Julius. Székelyer. 48 Honvéd. Dann Landbauer. 61
Oberl. in Aqui. Jezt Siebenbürgen.
1604 *Szabò,* Kaspar. 32. Honv. Bat.
1605 **Szabò,** Péter. K. k. Militär. Desertirt zur Legion. Zurück
zu Oestreich. †, erschossen, Verona.
1606 *Szabò* ... Hptm. 49 KK. Hamburg. 50 A. ᾽
1607 *Szabò,* Samuel. Oberl. 49 T. Freiwillig nach Kiutahia.
1608 *Szabò* ... geb ... Oberl. Gattin. 49 Widdin, Schumla, Kiutahia.
1609 *Szabò,* Samuel. Lieut. A. Fotograf, Newyork. 60 U.
1610 **Szabò.** Stefan von. Geb. 1825 39 k. k. Ingenieurakademie.
48 *Oberst,* Belagerer von Temesvàr. 49 T. 50 London. Kaufmann in England. Verlor seine Habe in Genf, im Spielhause
des James Fazy, wurde wahnsinnig. † 62, im Irrenhause in
London. Englischer *Schriftsteller.*
1611 *Szacsvai* ... Edler von Léczfalvi. Lieut. 49 T ...
1612 *Szakàcs,* Joh. Leg. 62 an Oestreich ausgeliefert; gerettet durch
die Frauen von Desenzano. Dp. Crema.
1613 *Szakàcs,* Alex. 60 Garibaldist. 63 Leg. Turin.
1614 *Szakàcs,* Karl. Oberlieut...
1615 *Szakàcs,* Mich. Leg. 62 Dp. Crema
1616 **Szakmàry** ... Major. K. k. pens. Hptm. 54 wegen Majestäts-
beleidigung verurth. zu zehn Jahr ; 57 entflohen. 60 Garibaldist, Errichter der sicilianischen Legion. 62 *Major* in Cuneo.
1617 *Szálánczy,* Dominik. Lieut... 49 T.
1618 **Szalay,** Ladislaus von. Geb. 1813. Jurist, ungrischer *Historiker,* Reichstagdeputirter. 48 *ungrischer Gesandter beim
deutschen Reichsparlament,* Frankfurt. 49 Gesandter in England, von Palmerston nicht empfangen. 50 Rohrschach in der
Schweiz. 51 U. 61 Reichstagdeputirter. — Mitglied der ungrischen Akademie.
1619 **Szalay,** Ladislaus von. 48 *Oberst,* ins Ausland um Waffen
geschickt. 49 A. Protest von Newyork gegen Franz Josef I.
Thronbesteigung. † 53, als Ansiedler in Arkansas.
1620 *Szalay* ... Hptm. 49 KK. 50 A.

1621 *Szallay*...

1622 *Szàlisz*, Anton. Bei der Schweizer Legion (?)...

1623 *Szalontay*, Stef. 42 Honv. Bat.

1624 *Szandi*...

1625 *Szarka*, Lad. Geb. 1823. Székelyer. Advokat. Standrichter. 49 T. Konstantinopel. 59 Bukarest, Essigsieder. † 63, Bukarest.

1626 **Szarvady**, (Hirschl) Friedrich. Sekr.d. Fürst Lubomirsky, Wien. 48 geschikt zur Legation Teleki's nach Paris ; zurück nach Ungarn : wieder Paris. Seither dort. Französischer und deutscher *Schriftsteller*, Journalist, Korrespondenzenfabrikant, Spekulant. Isr.

1627 **Szarvady**, Wilhemine, geb. *Clauss*. Geb... *Pianistin* ersten Rangs. Schriftstellersgattin. Paris.

1628 *Szàsz* , Daniel. Székelyer. K. K. Grenzoff. 48 Oberl. 49 T. R. Soll wahnsinnig geworden, heimgekehrt, und † sein.

1629 *Szàsz* , Franz. Leg. 62 Dp. Crema. Mitunterzeichner der Klageschrift ans ital. Parlement, dafür auf 42 Monat deportirt nach Sardinien.

1630 *Szàsz* , Ludw. Leg. Korp. 63 *, Ankona.

1631 *Szàsz* , Stefan...

1632 *Szasz*... Lieut. 49 T. R. 50 Bosnien...

1633 *Szathmàry*, Josef. 48 Hauptmann. 49 T. Dann Turin...

1634 *Szathmary*, Joh. 110. Honv. Bat...

1635 *Szathmàry*, Karl. Feldprediger, 87. Honv.Bat. 50 A.

1636 **Szécsenyi**, Graf Stefan,der «*grosze Graf*», Ungarns *Reformer*. Geb. 1792. K. k. Rittm. 1815 bei der Schlacht von Leipzig. Darnach England, Italien, Orient. 25 beim Reichstag Gründer der Opposition, Reaktivator der ungrischen Sprache. 30 Gründer der ungrischen Akademie, des Casino, der Wettrennen, der Bodenkultur, Dampfschiffahrt. 44 Mitprotektor der Kettenbrücke. 46 Präses der Kommunikationskomm. Kossuths Gegner. Reaktionär. 48 *Minister*. 49 scheinbar wahnsinnig Ungarn verlassend, in die Irrenanstalt zu Döbling bei Wien. 59 anonym in London publiz. † 60 Charsamstagnacht erschosz sich zu Döbling. — Berühmter ungrischer und deutscher Schriftsteller. Direktor der ungrischen Akademie.

1637 *Szedlö*, Joh. Seit 62 Leg. Oberlieut. der Jäger.

1638 *Szegedy*, Mathias...

1639 *Szegedi*... Huszàr d. Màtyàs Reg. — A.

1640 *Székely*... Leg. Wachtm. 62 Dp. nach Sardinien.

1641 **Székelyi**, Ludw. Székelyer. K. k. Lieut. 48 Hauptmann. 49 verurtheilt. 62 Rittm. der Legion. 63 †, fiel in Polen.

1642 *Szekeses*, Joh...

1643 *Székey*, Joh... 51 A.

1644 *Szémány*, Peter. 64 Leg. Lieut der Huszàren.

1645 **Szemere,** Bertalan von. Geb. 1812. 36 Frankreich, England,Deutschland.40 Mitglied ungrischerAkademie. Reichstagdeputirter, einer der Führer der Opposition. 48 Minister. 49 *Ministerpräsident* in Debreczin. 49 T. aus Widdin mit Pasz entkommen. Seither London und Paris. Ungrischer, französischer, englischer, deutscher Publizist.

1646 **Szemere,** Leopoldine von, geb. *Jurkovics*. Geb. 1830; vermählt 47. Seit 50 Paris. 64 gewann den Prozesz gegen den k. k. Fiskus.

1647 *Szemere*, Attila von. Geb. 1861, in Paris.

1648 *Szemere*, Marie von. Geb. 1848, in Pest, jezt Paris.

1649 *Szemere*, Gisella von. Geb. 1857, in Paris.

1650 *Szencz*, Michel. 60 Garibaldist. 63 Leg. Turin.

1651 *Szendi*, Stef. 48 Honvéd. 49 A. Handwerker in Montreal, Westcanada. 59 London. 61 amerikanischer Oberlieutenant.

1652 *Szeöcs*, Joh. 60 Garibaldist. 63 Leg. Wachtm. Turin.

1653 *Szepesy*. (...) Nik. 48 Honvéd. 49 T. 61 Hauptmann in Aqui. 62 Dem. 63 U.

1654 *Szepesy*, Julius (oder Koloman). K. k. Lieut. 61 Lieut. in Aqui...

1655 *Szesecz*, Joh. Artillerist...

1656 *Szesedy*, Stef. 48 Oberlieut. 49 T. Dann Weinhändler, London. Schriftsteller.

1657 **Szerelmey** (Liebe) Nik. von. Geb. 1807, Raab. K.k. Ingenieurakademie. 29 Rom, Syrien, Egypten. 30 Theilnehmer der Julirevolution, Paris, Sept. Kämpfer in Brüssel, verwundet. 34 Amerika. 35 Skandinavien. 40 Ungarn, Publizist lithografischer Prachtwerke. 48 *Oberst* des Generalstabs. Machte in Komorn die 5 Millionen Gulden Banknoten,die Oestreich anerkannte. KK. Blieb in Ungarn. 50 mit Frau und Kinder nach England. Technischer Chemiker. Artistischer Publizist. Restaurirte die Parlamentshäuser.

1658 *Szerelmey*, Nikolaus von. Sohn. London.

1659 *Szerelmey*, Béla von. Sohn. London.

1660 *Szerelmey*, Rosa von. Tochter. London.

1661 **Szerényi,** Anton von. Geb. 1826. Stuhlrichter in Krassò. 49 T. 50 A, Erzieher im Hause von E. Mitchell,dort Nachfolger des Gen. Mészáros. † 56, zu Flushing.

1662 *Szerző*, Jos. Leg. 62 Dp. Crema.

1663 *Szever*, Joh. Legionär. † 62 im Kerker zu Allesandria, Opfer Türr's.

1664 *Sziksay*, Koloman. Leg. Fourier. 63 *, Ankona.

1665 **Szllágyl,** Daniel. 48 Honvéd. 49 T. Lebt in Konstantinopel als Kaufmann.

1666 *Szilágyi*, Jos. 17 Honv. Bat...

1667 *Szilagyi*, Làszló. Leg. 62 Dp. Crema.

1668 **Szlllànyl,** ... 48 Obristlieut. Chef des Generalstabs. 49 Mitunterzeichner der Kapitulation Komorns, KK. Publizirte deutsch in Leipzig 1851 das militärische Werk über Komorn.

1669 **Szlllnssy,** Làsló von. Geb. 1814. 36-48 k. k. Huszàrenoberlieut. in Italien. 49 desertirend zu Carlo-Alberto. 60 Garibaldist, auf dem Schlachtfelde Oberlieut. 61 Leg. Oberl. 62 wegen Kränklichkeit quittirt. Jezt Schweiz.

1670 *Szirjék* ... 48 Artilleriehauptmann...

1671 *Szirmay*, Joh. Leg. Oberlieut. 64 in Disp.

1672 **Szlrmny,** Paul von. Geb. 1810. 48 *Reichstagdeputirter*. 49 als ungrischerGcsandter nachSt-Petersburg geschikt: nicht zugelassen. Dann Hamburg, London, Amerika, Cuba. 53 wieder London in hoher Gesellschaft. 55 U.

1673 *Szirmay*, Julius von. 64 arretirt als er mit 40 Ungarn nach Polen wollte. Von Wien nach Siebenbürgen zurük eskordirt.

1674 *Szirmay*, Stef. 62-64 Thierarzt der Legion, Turin.

1675 *Szobonya*, ... K. k. Korporal. 59 desertirt. 60 Garibaldist. 62 Leg. Oberlieut.

1676 *Szobonya*, ... 60 Garibaldist. 62 Leg. Husz. Wacht.

1677 **Szodtfrled,** Ferd. Geb. 1824, Pest. K. k. Ingenieurakademie. 48 *Oberst*. 49 KK., blieb in Ungarn. 55 Bauingenieur in Wien. 59 mit Kertbeny Linz. Dann Genf, Italien, erhielt Gratifikation. 60 Genf, verkaufte eine Geschützerfindung an die Schweizer Armée. 62 Oberst und Kommandant der Offiziersschule in Cuneo. 63 arretirt wegen Unterschleif.

1678 *Szokolics*, Stef. Bauernsohn. 60 Garibaldist, Kommandant der Jäger. 62 Leg. Oberlieut...

1679 *Szontagh*, Eugen Max. Reichstagdeputirter. 49 KK. Hamburg. 50 A.

1680 **Szontogh,,** Samuel. Geb. 1809. Gutsbesitzer, fallirte. 48 Richter, Major im 16. Husz. Reg. 49 T. 50 London, Sattler, Gastwirth, wohnte bei Kossuth. 62 ohne Erlaubnisz nach Ungarn, verhaftet, frei. Seither Ungarn und Brüssel, beim Crédit foncier.

1681 *Szontagh*, Eveline, geb. von *Sréter*, verwittwete v. Dubra-

wiczky. Zweite Gattin des Samuel Sz. Gutsfrau in Szentimre.
55 London. Seither Brüssel.

1682 *Szöke*, Alex. 60 Garibaldist. 63 Leg Wachtm. Turin.

1683 **Szöllösy,** Franz von. 48 *Präsidialsekretär*. Dolmetsch.
49 mit Kossuth T. Widdin, Schumla, oestreichischer Spion,
Kossuth's Stubengenosse In Kintahia als Batthyànyi's Dragoman. 51 U. † Siebenbürgen. Ungrischer Schriftsteller, polyg-
lotter Grammatiker.

1684 *Szöllösy*,.. geb... Präsidialsekretärsgattin. Geb. in Deutschland. 49 Debreczin, Widdin. T. 51 Siebenbürgen.

1685 *Szönyei* ..

1686 *Szörtsey*, Jul Leg. 62 Dp. Crema.

1687 **Szullok,** Stef. Korporal. 51 nach Kalifornien ; dort Fak-
totum (?)

1688 **Szumràk,** Ernö. Geb. 1820. 48 Honvéd 50 England, Australien *Buchhändler* in Edinburgh. Jezt in der Buchhandlung
« William and Norgate » London.

1689 **Szureczki,** ... Pole. 48 *Major*. 49 T. 60 Garibaldist,
Obristlieutenant. Jezt k. italienischer *Obristl*.

1690 *Szuki*, Ludw. Artillerist...

1691 *Szücs*, Andr.. Hunyady-Huszàr...

1692 *Szücs*, Andr., 42. Honv. Bat...

1693 *Szücs*. Joh., 48 k. k. Gemeiner, 59 k. k. Lieut. quitt. 60 Garibaldist. 61 Leg. Hptm 62 Dem.

1694 **Takàcs** ... 48 Hptm. 49 KK. Hamburg. 50 A. Jezt Kalifornien.

1695 *Takàcs*... Hauptmannsgattin. Kalifornien.

1696 *Takàcs*, Jos., Székelyer. 61 Lieut. in Aqui. 62 Dem. 63 U.

1697 *Takàcs*. Mich.. Leg. Trompeter. 63 *, Ankona.

1698 *Takàcs* .. 48 Honv 50 A. 62 amerikanischer Kapitän.

1699 **Tanàrky,** Julius v. Geb. 1815. Sohn des Majors und Aka-
demikers. War Advokat, Landwirth; Prof. d. laudw. Schule in
Bernstein. 47 Direktor des Gutes Szécseny. 49 Retter der 5 Kinder Pulszky's, zu diesem nach London. 60 Sekretär Kossuths.
Seitdem bei Pulszky, Florenz. Verwandter der Frau Kossuth.

1700 *Tar*, Stef.. 48 Oberl. 49 T...

1701 *Tar*, Karl, 48 Husz. Lieut. 49 T. Jezt Stallmeister des Fürst
Ghyka, zu Pitest, Walachei.

1702 **Tartol,** Jos., 48 Honv. † 62, bei der Belagerung von Sha
gay als kais. *chinesischer Leibgardeobrist.* Testirte 5000 Tha
seiner Mutter und Schwester in Debreczin.

1703 **Taschler,** Jos., 48 Major. 49 T. R. Jezt türkischer Obris
Konstantinopel.

1704 *Taschler...* geb... Obristlieutenantsgattin. Konstantinopel.

1705 **Tassy,** Béla v. 48 Hptm. blessirt. 50 Advokat. 60 zu spät
Garibaldi. 61 Leg. Hptm. 63 Dem. 64 U.

1706 *Tátay,* Math., Leg. 62 Dp. Crema.

1707 **Taubner,** Dr. Karl, geb. 1809. Velegh. Evangelischer Pr
diger. Ungrischer Schriftsteller. Mitglied d. ungr. Akademi
46 wegen Fatalitäten k. k. Garnisonsprediger, Italien. 61 a
Verona desertirt wegen Unglück in der Liebe, steckbr. ve
folgt. Seither Turin.

1708 *Tauscher,* Math., Honv.

1709 *Tauszky,* Dr. Rudolf (oder David) 61 Hptm. Depotsarzt, Aqu
62 Dem. 63 A. Isr.

1710 **Tchorznicki,** Lad., *Oberst* d. poln. Legion. 49 T. Ki
tabia...

1711 *Tebes,* Georg. Unteroff. A.

1712 **Teleki,** Reichsgraf Alexander von Szék. Geb. 1818. N
Franz Liszt in Ruszland. mit Lichnowski in Spanien. Besitz
von Koltó, wo der Dichter Petöfi bei ihm die Flitterwoche
lebte. 48 *Oberst,* Generalintendant Bem's, liesz die Walache
hangen. 49 in Arad, entkommeu, indem er alle Orden au
steckle. T. Aus Widdin entkommen. Bei Dumas in Paris. Ch
chy. Bei V. Hugo auf Jersey. Heurathete in England, nab
den Familiennamen der «Harley» an; trennte sich wieder fre
willig. 60 Garibaldist, prov. Kommand. ungr. Legion. *Genera*
Auf Caprera. Jezt Florenz.

1713 **Teleki,** Reichsgräfin Blanka, von Szék. Schwester d
Làszlò. Geb. 1806. 49 eingezogen, nach zweijähriger Untersu
chung. trotz Läugnens, zu zehn Jahr verurtheilt. Im Kerke
zu Olmütz, 58 begnadigt. Dresden. † 62, Paris.

1714 **Teleki,** Reichsgräfin Jane, von Szék, geborne Miss Bicke
steth, Tochter des Baron Langdale und der Lady Jane Harley
Oxford. Vermählt mit Graf Alexander Teleki zu Eywood. 5
Geschieden. 59 Uebersetzerin Byron's ins Ungrische.

1715 **Teleki,** Reichsgraf Làszlò, von Szék. Geb. 1811. Stiefbrude
des Gouverneurs von Siebenbürgen. Oppositionsführer an
Reichstag. Ungrischer Dramatiker. Mitglied ungrischer Aka
demie. 48 ungrischer *Gesandter bei der französischen Republi*

Dann Paris, London, Genf. 59 Milglied des ungrischen Natio-
naldirektorats in Turin. 60 verkleidet nach Dresden, 19 Dez.
arretirt, 23 Dez. an Oestreich ausgeliefert. Sylvesterabend
völlig amnestirt. 61 Pester Reichstag, Führer der Beschluszpartei. † 61, erschosz sich am 8. Mai in Pest. — Französischer
Publicist.

16 **Teleki,** Reichsgraf Oskar, v.Szék. Geb.1830. Siebenbürger:
48 Honv. 49 T. Mit Hauslab zurük. 60 Leg. Hptm. Neapel
Durch Ehrengericht entfernt. Freiwilliger Gemeiner der Legion, wieder Hptm. 62 U.

17 **Telkcay,** (Höffler) Jos.. 48 *Obristl.* d. Artillerie. 60 *Oberst.*
durch Kossuth. 61 Kommand. d. Legion. Seit 62 ,in Disponibilität, Turin.

48 *Teráson* ..

49 *Terhák,* Wenzel, Husz...

20 *Terczel,* Joh., 60 Garibaldist. 63 Leg. Wachtm. Turin.

21 *Tetzik...*

22 **Thaly,** Sigm. v. Geb. 1814. Ingenieur. 48 *Oberst,* Protes-
tant gegen Komorns Uebergabe, verhaftet. 49 mit Makk und
Rózsafy nach Siebenbürgen; verhaftet, entkommen. T. 50
Insel Jersey, dort beständig. 63 amnestirt nach U. Puszta
Szentmihály. — Englischer Schriftsteller über Komorn.

23 **Thuolt,** Stef, 48 Husz. Kapitän. 49 T. R. heurathete in
Widdin. Aleppo. 51 A. Reitschule in Boston, gute Geschäfte.

24 *Thuolt,* Etelka, geb. *Lévai.* Schon in Ungarn vereblicht 49 T:
heurathete zu Widdin, blieb Kristin. Jezt Boston.

25 **Timáry,** Imre v. Durch Reisbau berühmt. 48 Stuhlrichter
49 T. 51 Brüssel. 56 U.

726 *Timáry,* Louise. geb. Vandervelde de Binkoum. Brüsslerin. †
57, in Ungarn.

727 **Tisza,** Koloman v. Neffe des Grafen Lad. Teleki. Geb. 1830:
48 im Kultusministerium. 49 Debreczin, dann Ausland. 50 U:
60 Obergespan v.Bihar, 61 Reichstagdeputirter von Debreczin:
Führer der Beschluszpartei.

728 *Tiszáyi...* Liéut. 49 T. Dann U.

729 *Tiretti* (oder Tirelli) de Pons .. Triester. 63 Hptm. in Cuneo.

730 *Tittel,* Karl, 60 Garibaldist. 61 Leg, Lieut. 63 ●, Ankona.

731 **Toczynski,** Stan. Obristwachtm. d. poln. Legion. 49 T.

732 *Tomál,* Josef...

733 *Tolnay,* Stef. Landbauer. 28 Husz. Oberlieut. 60 Garibaldist,
ital. Pension ziehend. 61 Leg. Rittm. 62 pensionirt. Ankona.

734 *Tomics,* Jos. Honv. A.

4735 *Toperczer*, Imre. 48 Honv Dann k. k. Oberlieut. quitt. 61 Oberl. in Aqui. 62 Dem. 63 U.

4736 *Tóth*, Alex. 60 Garibaldist. 63 Leg. Turin.

4737 *Tóth*, Alois. 48 Honv Lieut. 61 Lieut. in Aqui. 62 Dem. 63 U.

4738 *Tóth*, Anton, Leg. 62 Dp. Crema.

4739 *Tóth*, Aug. 63 Lieut. in Cuneo.

4740 *Tóth*, Georg. 1. Honv. Bat.

4741 *Tóth*, Joh. 60 Garibaldist. 63 Leg. Turin.

4742 *Tóth*, Joh. Leg. 62 Dp. Crema.

4743 *Tóth*, Jos Student, 48 Lieut. 57 Notär. 61 Lieut. in Aqui. 62 Dem. Dann Cuneo. 63 U.

4744 **Tóth,** Koloman. 48 Honv. Jezt Longoes, Bezirk Bahia, Brasilien, Diamantengräber, Eisenbahningenieur.

4745 *Tóth*, Ludw. 60 Garibaldist 63 Leg. Turin.

4746 *Tóth*, Ludw. K. k. Lieut. desertirt aus Riva. Oberl. d. Jäger in Aqui. Dann Cuneo. 63 Dem. Jezt Alessandria.

4747 *Tóth*, Robert, 48 Hauptmann 49 T...

4748 *Tóth*, Stef. 48 Husz. Wachtm. 49 T. Jezt Radmacher, Bukarest.

4749 **Tóthfalusy,** Karl. Siebenbürger. 48 Honv. 49 T. Jezt Besitzer von «Hôtel Tóthfalusi», Konstantinopel.

4750 *Tothis*, Ignar...

4751 *Tökes*, Mich. Honv. A.

4752 *Törlei*, Valentin. 48 Lieut. 49 T. Schumla...

4753 **Török,** Ludw. von. K. ungr. Gardist. 48 Hauptmann. 49 T. freiwillig nach Kiutahia. 51 mit Kossuth A. 57 zurük nach U. † 58. U.

4754 **Török...** Professor in Siebenbürgen. 49 T. † gehangen in Siebenbürgen.

4755 *Trojcsán*, Ant. Leg 62 Dp. Crema.

4756 **Trsniczky** .. Oberst poln. Legion. 49 T. 50 Kiutahia.

4757 *Trumauer*, Jos. Wiener. Lieut. in Cuneo, 63.

4758 *Tugemann*, D. A. 48 Honv. 64 Chef eines Handelshauses, Montevideo.

4759 *Tury*, Nik. 48 Hauptmann... Dann in Missionen Kossuth's.

4760 *Tusó*, Stef. Unteroff. A.

4761 *Tutorovics*, Georg. 59 k. k. Gemeiner, desertirt. 61 Zugführer, der Legion. Jezt Asti.

4762 **Tüköry,** Ludwig Geb. 1826. Jurat. 48 Lieut. 49 mit Jhász. T. R. Widdin. Aleppo. Türkischer Hauptmann. 55 bei Kars, unter Williams, Held des Tages, Arm zerschmettert, *Major* auf dem Schlachtfelde. 59 mit Garibaldi ruhmvoll bei Varese.

In Disp. in Turin. 60, Mai, mit Garibaldi in Melazzo landend;
Obrist, der «Held von Palermo»; dort gefallen 6 Juni. Garibaldi's
Grabrede. Taufe der Fregatte «Tüköry.»

1763 **Türr,** Stef. Geb. 1822, Baja, angeblich Schusterssohn. 48
Korporal,dann Lieut. bei k. k. Inf. Reg. Franz Karl in Italien.
Bei *Buffalora* desert. Sard. *Hauptmann* an Spitze desert. Un-
garn. 49 zu gehen gezwungen,nach Baden; sich als *Obristlieut.*
präsentirend, durch Mieroslawski *Obrist.* Schweiz, mit 103
Mann, die nach A. geschikt wurden. 50—53 im groszen Elend
in Genf, Konstantinopel. 54 Bukarest als engl.Agent, arretirt,
nach Siebenb. geschleppt. Todesurtheil, Verbannung. Dann
Konstantinopel. Tscherkessenintriguen. Blutsturz. 59 zu
Garibaldi , Kommand. d. Alpenjäger Schuszwunde. 60 mit
Garibaldi, *General.* Aix-les-Bains. Paris, bei Prinz Napoléon.
61 k. ital. *General.* Jezt Turin. Dispon. Französischer Schriftsteller (?).

1764 **Türr,** Adeline, geb. *Wyse-Bonaparte.* Tochter der Prinzess
Latitia Bonaparte, und des Thomas Wyse— von lezterem durch
Brief, 28 Sept. 61. desavouirt als seine Tochter — die Schwes-
ter der soidisant Fürstin, Frau v. Solms, jetzigen Urbain Rat-
tazi.Geb. 1841(?) Verehlicht 11 Sept. 64. zu Vico,bei Mondovi.
Muhme Napoleon III.

1765 *Türy,* Michael. Kapitän...

1766 U*bitz,* Joh. Leg. 62 Dp. Crema.

1767 *Udvardy,* Jos. 48 Honv. 49 KK. Hamburg. 62 Oberl. in Cuneo.

1768 *Uetz,* Anton. 48 Hptm. 49 T...

1769 **Ujházy ,** Làszlò von. Geb. 1794. Berühmter Agronom.
Reichstagdeputirter. 48 *Obergespann von Saròs.* Reg. Komm.
in Komorn. 49 KK. Hamburg, mit 200 Ungarn nach A.
Erhielt von der amerikanischen Regierung 19,000 AcreLand im
Staate Jowa für die Ungarn. Gründete die Kolonie «New Buda»
die aber erst nach seinem Abgange 53 sich hob. Dann Newyork, Genf. Jezt Cousul des Nordens in Livorno, Italien.

1770 **Ujházy,** Therese von,geb. *Szakmáry.* Urenkelin des Grafen
Moriz Benyovszky's, Königs von Madagaskar u. s. w. Geb.
1797. Verehlicht 1826. 49 mit ihrem Manne nach A. † 52,
in New Buda.

1771 *Ujhàzy ,* Alex. von. 48 Honvéd. 49 in Ungarn geblieben. 63
Ankona.

1772 *Ujházy*, Farkas von. 48 Jägerhauptmann. 49 KK. Hamburg. 50 A. Jezt Texas.

1773 *Ujházy*, Ladislaus von. 49 KK. Hamburg. 50 A. Jezt Ankona.

1774 *Ujházy*, Theodor von. 49 KK. Hamburg. 50 A. Jezt U.

1775 *Ujházy*, Alexander. 48, bei Kazinczy Generalstäbler... † gehangen (?) (Ihàsz).

1776 **Ujházy, Josef.** Geb. 1825. Lieut. 27 Honv. Bat. 49 T. Widdin. Nach Italien. Mit Türr in Baden. 50 aus der Schweiz mit 5 Unteroff. und 95 Mann nach A. geschafft.

1777 **Ujhelyi,** (Egessy) Alexander. 48 Honvéd. Dann Priester, Paris, London. 63 mit Lapinski nach Malmö, um nach Polen zu geben. Jezt Lehrer in Schweden.

1778 *Ujlaky*, Ludw. In piemontesischer Armée. † gefallen in Australien, auf dem Schlachtfeld (Ihàsz).

1779 *Ullmann*... Jezt Boston, A. Isr.

1780 *Ullmann*, Friedrich. Edler v. Szitányi. Reichstagdeputirter. 49 T. Widdin, entkommen mit Pasz. Isr.

1781 *Ulrich*, Ant. 29 Honv. Bat...

1782 *Unger*, Hermann. 48 Honvéd. Dann Postmeister. † 62, erschosz zich im Hôtel, Hamburg, als die Polizei kam.

1783 *Unger*, Ignar, Lieut. 49 T.

1784 *Urbansky*, Felix. Leg. 62 Dp. Crema.

1785 **Urnay...** 48 Hauptmann. 57 San Franzisko, Kalifornien. Mit A. Haraszti und Graf S. Wass Bezitzer der groszartigen Goldreinigungsfabrik. Soll dann Alle ums Geld gebracht haben.

1786 **Urnay...** geb...aus Neusatz. 57 San Franzisko, Kalifornien.

1787 *Usnul*, Karl. 48 Hptm. 49 KK. Hamburg. Kam 19. Dez. 49 mit dem lezten Transport ungr. Auswanderer in Newyork an.

1788 **Utassy,** (Strasser) David. 48 Leiter einer fliegendeu Feldpost. 49 T. 51 A. Nannte sich Baron und Oberst. 61 Gründer, Oberst und Kommandant der amerikanischen «Garibaldi Guard». 63 wegen Unterschleif verurtheilt zu ein Jahr. Jezt Kerker, zu Siug Sing, Staate Newyork. Isr.

1789 *Utza*, Alex. Leg. 62 Dp. Crema.

1790 **Uzner...** Geb. 1818, in Preuszen. K.k. Unterfeuerwerker. Stellte sich 13 März 48 in der k. k. Burg in Wien vor die Mündung der Kanonen, das Volk rettend. 49 Ungarn. 52 von Kossuth in die Fabrik von Mr. Hale in London gegeben, Denunziant der Raketenfabrikation, Gerichtsverhandlung. Soll dann in Oestreich † sein, gehangen. (Ihàsz).

1791 **Uechtritz,** Reichsfreiherr Emil, Ministerssohn, Herr von

Gebhardsdorf. Geb. 1808, zu Stuttgart. 38 k. k. Dragoner
Rittmeister.41 Ehe in Ungarn. Zu Marczalteö lebend. 48 Husz.
Obrist. Regimentskommandant. 49 von Preuszen aus dem
Kerker reklamirt. 53 geschieden,heurathete zum zweitenmale,
Schlesien.

1792 **Uechtritz,** Reichsfreiherrin Domenika, geb. lezte Gräfin
Amadé von Varkony, Herrin von Marczalteö. Geb. 1809.
Vermählt 41. 49 Schlesien. 53 geschieden. Jezt wieder Ungarn.

1793 *Uechtritz*, Reichsfreiherr Emil Geb. 1841, Bukowina. 49
Schlesien.

1794 *Uechtritz*, Reichsfreiherrin Viktorine.Geb. 1843. 49 Schlesien.

1795 *Uechtritz*, Reichsfreiherr Zsiga. Geb. 1846. 49 Schlesien.

1796 **V****alsz,** William. Neffe des ungrischen Hofagenten, der ihn
enterbte. Geb. 1824 48 Rittm. KK. Hamburg London. Genf.
59 Italien, *Major.* Mit Sréter bei Napoleon III. Seither Ingenieur, Genf, Klapka's ......

1797 *Valentini* ... 59 k. k. Gemeiner. 60 Garibaldist. 61 Leg. Rittm.
62 Dem. Soll in Ungarn † sein.

1798 *Valentini*... Rittmeistersgattin , Tochter ein. ital. Officiers.
Vermählt Italien, 60

1799 **Vállas,** Dr. Anton. Geb.1809. Piarist,22 Professor.Aus dem
Orden. Mathematiker. Lehrer des Baron J. Eötvös. 40—43
Wien. Mitglied ungrischer Akademie. 44 Prof. d. Industrie-
vereins, Pest, liirt mit Kossuth. 48 Prof. und Rektor der k.
Universität Pest. 50 kriegsgerichtlich enthoben. 51 nach
Zentralamerika. Costa Rica. Boston. Newyork. Jezt Prediger,
Neworléans. Ungrischer wiss. Schriftsteller.

1800 **Vámbery,** (Wammberger) Arnim. 49 Honv. Dann Konstantinopel, orientalischer Sprachforscher. 62 Mitglied ungrischer Akademie. 61 auf Besuch in Ungarn, 63 nach Teheran;
Khiva; Samarkand. Ungrischer wiss. *Schriftsteller.*

1801 *Vándor*... 48 Hptm. 49 KK. Hamburg 50 A.

1802 *Vándorfy*, Eduard 48 Hptm. 126 Honv. Bat,..

1803 *Vándruska*, Robert. Böhme. k. k. Oberlieut. Erbot sich zur
Steuererhebung in Ungarn 62 Hptm in Cuneo. Jezt Turin.

1804 **Várady,** Adam. 48 Kapitán. 49 T. Dann Walachei, Redak-
teur der Bukarester ungrischen Zeitung. 59 Bad Homburg,
Fotograf. 60 Garibaldist, *Major.* 61 Leg. Major. Dem. Turin.
Zürich. Fotograf.

1805 *Vàrady,* ... geb... Majorsgattin.

1806 *Vàrady,* Bertalan. 56 nach U.

1807 **Vàrady,** Josef... 49 T. Durch A. Gal nach Siebenbürgen. geschickt. † dort, gehangen.

1808 *Vàrady,* Leop. Lieut. 49 T.

1809 *Vàrallyai,* ... Honvéd.

1810 *Vàrdy,* Albert, Agent. Konstantinopel.

1811 **Varga,** Franz. 48 Untergespan von Torontal. 49 KK. Hamburg. 51 A. 54 Farmer im Distrikt Decator, Staat Jowa. Als er 51 hingekommen, der erste Weisze; 54 bereits alles um ihn voll Ansiedler. Gründer der Kolonie «New-Arad».

1812 *Varga,* ... geb... Aus Arad. Farmersgattin in «New-Arad».

1813 *Varga,* Joh. 110 Honv. Bat.

1814 **Varga,** Sigmund Dr. Kumanier. 48 Hauptmann. 49 k. k. Strafgemeiner. 51 in Pest Medizin studierend. 60 Garibaldist. 61 Regimentsarzt der Legion bei den Huszàren. 63 *, Ankona. 64 Mitglied des Unabhàngigheitskomité, Turin.

1815 *Varjasy,* Béla. K. k. Lieut 62 Leg. Oberl. Cuneo. Jezt Turin.

1816 **Vàry,** Stefan. 48 Hauptmann 49 T. Kapitàn eines Handelsschiffes 60 Garibaldist. 60 Artill. Hauptmann der Legion. 63 *, Ankona. 63, 30 Sept. †, erstochen zu Ankona, aus Eifersucht.

1817 *Vas,* Stef. Lieut. 49 T...

1818 **Vasfi,** (Eisler) Moriz, Dr. Geb. 1818. Talmudist. Verheurathet, geschieden. 46 Medizin in Pest studirend. 48 Redakteur der «Opposition»,49 Hilfsarzt in Temesvàr, Arad.Ueber Oberungarn nach Prag entkommen.50 Leipzig. Autor der treffl. Artikel in den «Grenzboten», Herausgeber der « Hangok a multból», mit Kertbeny. Mit J.-E. Horn. 51 Paris. 53 A. Angesehener Arzt in Newyork. Ungr. u. deutscher Schriftsteller. Isr.

1819 *Vasfi...* geb... Zweite Frau des Dr. M. Vasfi. Amerikanerin. Newyork.

1820 *Vass,* Alex, 62 Oberl. in Cuneo.

1821 *Vass,* Joh., 60 Garibaldist. 63 Leg. Wachtm. Turin.

1822 **Vay,** Graf Ladislaus, 48 *Major.* Adjudant von Mészàràs. 49 T. 50 Kiutabia. 51 London. In den «Times» für Kossuth, gegen Szemere und K. Batthyànyi plädirend. 55 U. 61 Reichstagmitglied des Oberhauses.

1823 *Vazil,* Stef., 49 T...

1824 *Vég.* Joh., Leg. 62 Dp. Crema.

1825 **Végh,** Alex.48 Honv.64 Chef eines Handelshauses in Montevideo.

1826 *Végh*, Josef...

1827 *Veigli*, Wilhelm, 48 Hptm. 49 T. 50 Kiutahia.

1828 **Vékey,** (irrig «Wékey») Anton, Advokat. 48 Oberl. 49 KK.
Hamburg. 50 A. † als amerikanischer *Major.* 62 zu Winchester in Virginien, an den Wunden.

1829 **Vékey,** (irrig «Wékey») Sigm., 48 Hptm. 49 KK. Hamburg.
London. Englischer *Schriftsteller.* 56 berufen von der Regierung nach Australien, Sekretâr der Weinbaugesellschaft. Nach Otago, in die Goldminen Neuseelands geschikt als Komissär.
Jezt wieder Melbourne.

1830 *Vékey.,.* geb... Schottländerin in Melbourne.

1831 *Vékey...* Tochter des Sigm. Vékey. Geb. 1863 auf dem Schiffe zwischen Otago und Australien.

1832 *Vékony*, Stef. Unteroff. 49 T.

1833 *Veörös*, Daniel. Lehrer, England.

1834 **Verdössy,** (Kreisler) Josef K. k. Offizier. 48 Hauptmann.
49 k. k. Strafgemeiner, dann Ingenieur. 61 *Oberst* und Kommandant des Offiziersdépôt in Aqui; dann in Cuneo. Jezt Turin.

1835 *Veres*, Alex. Lieut. 49 T. 61 Leg. Hptm. Jezt wieder Bukarest.

1836 *Veress*, Anton. Leg. 62 Dp. Crema.

1837 **Veszter,** Arpàd. Geb. 1831. Zipser Bürgermeisterssohn.
Neffe des Pred. G. Steinacker in Weimar. 48 Lieut. 49 KK.
Hamburg. Jezt Techniker, London.

1838 *Vermes*, ... Komitatsbeamter. 49 T. Dann Frankreich....

1839 *Vértesy*, Alex. Honvéd.

1840 *Vértessy*, Joh. Oberlieut.

1841 **Veszelényi,** Josef. 48 Wachtm. im 55 Honv. Bat.; dann
Lieut. 49 T. † 58, Konstantinopel.

1842 **Vetter,** Anton. Ritter v. Doggenfeld. Geb. 1804 in Deutschland. K. k. *Major.* verheurathet. 48 von Ungarn für 12,000 Gulden engagirt, F. M. L. Obergeneral, Kriegsminister.
49 KK. Hamburg. Nach A. mit Frau v. Ferenczi. konzertirend.
London. 59 von Kossuth nach Italien geschikt; zu Napoleon III.
60 Oberinspektor der Legion. 61 verjagt durch die Mannschaft. Seither wieder in England.

1843 *Victor*, Josef. 60 Garibaldist. 62 Dp. Crema.

1844 *Vida*, Imre. 62 Hauptmann in Aqui.

1845 *Vida*, Joh. Leg. 62 Dp. Crema.

1846 **Vidéky,** Làszlò. 48 Honvéd 63 praktischer Bauingenieur,
Bahia, Brasilien. Machte dem ungrischen Nationalmuseum ein Geschenk an schöner Vögelkollektion.

1847 *Vidos*, Georg. Leg. 62 Dp. Crema.
1848 *Vig*, Imre. Infanterist. 51 A. Taglöhner.
1849 *Vilàgi*, Sam. Leg. 62 Dp. Crema.
1850 *Villàsy*, Paul. Advokat. 48 Hauptmann. Dann k. k. Beamter.
61 Hauptmann in Aqui. 62 Dem.
1851 **Vilànyi**, ... 48 Honv. 49 T. 50 A. Dann London und Paris.
Bei den Tscherkessen. 62 St-Petersburg.
1852 *Viràgh*, Stefan. Ministerialbeamter. 49 T.
1853 *Vodlicsek*, Frz. Leg. 62 Dp. Crema.
1854 **Volf**, Jos. K. k. Husz. Kadet. 48 Hauptmann. 49 T. 51 A.
Dann Kalifornien.
1855 *Vopaleczky*, Jos. Böhme. 62 Oberl. in Cuneo.
1856 *Voss*, Joh. Hauptmann. 49 T....
1857 *Voszni*. Joh. Leg. 62 Dp. Crema.
1858 *Vörös*, Alex. Lieut. 49 T.
1859 **Vörös**, Anton. Aus Debreczin. 48 Honvéd. 49 T.Kaufmann
und Ingenieur. jezt Walachei. 63 einer der genannten Herausgeber des italienischen Libells gegen Türr.
1860 **Vula**, ... Walachischer Bischof. 49 T...
1861 **Vukovics**, Sabbas, geb. 1811; Fiume. *Reichstagdeputirter*
von Temes. 48 Reg. Komissär. 49 in Debreczin,nach der Thronentsetzung *Justizminister*. Dann im Lande versteckt. 50 nach
London entkommen, von dem k. k. Kriegsgerichte in Effigie
gerichtet. Seither in London Rentier.
1862 *Vurglics*, Anton, vom 10. Kav. Reg. 50 A. Dort Schuster.

1863 W..... St.... der angeblicheDenunziant des Versteks der ungrischen Krone, London. Ungarn.
1864 **Wagner**, Gustav, 48 *Major*. 49 T. 50 Kiutahia. 51 A. 61
amerikanischer *Oberst*, Fortifikator von Cairo, im Staate Missouri, welche Festung Russel in den •Times• für die bestfortifizirte erklärte.
1865 **Wagner**,... geb... Mutter des Major Gustav Wagner. Die
Retterin der Frau Kossuth. 49 T. Von Widdin zurük nach U.
Frau Kossuth aufsuchend. 50, mit dieser am 2. Febr. in
Schumla angekommen. 51 † in Kiutahia.
1866 *Walluschnigg*, Anton, 62 Lieut. in Cuneo.
1867 *Wankhoffer*, Joh.. 34 Honv. Bat...
1868 *Warga*, Karl, alias ; Baron Georg Schuster. Komitatshptm.
(Ihàsz).

1869 *Wargha*, Benjamin, 48 Honv. 51 A. Riemer in Texas.

1870 **Wargha,** Stefan v. 48 ungrischer *Ministerialsekretär* ;
von Pulszky am 17. Okt. in Wien als Alter Ego der k. ungrischen Hofkanzlei zurükgelassen. arretirt durch Windischgrätz
51 nach London zu Kossuth, 53 nach Oestreich; gefangen, zur
selben Zeit als die Krone entdeckt worden ; doch wurde Nie-
mand kompromittirt. 54 wieder in London, auf groszem Fusz.
Seitdém Ungarn. Schrieb 48 ein ungrisch Pamflet über die frü-
here Hofkanzlei.

1871 *Wargha*, Stef., Gemeiner. 51 A. nach Ohio.

1872 **Wass,** Graf Samuel, geb. 1815. Sein Vater wurde 1844
Domherr in Waitzen. 49 in geh. Mission nach Bukarest und
Konstantinopel geschikt. 50 nach A. 51 nach Kalifornien.
Errichtete dort mit A. Haraszti und Urnay eine groszartige
Goldscheidefabrik, die sie zu Millionären machte. Julius *Fröbel*
der deutsche Demokrat, bei ihm Handlanger. 54 in Siebenbür-
gen. 55 wieder nach San Franzisko. 60 zurük nach Siebenbür-
gen. Ungrischer Schriftsteller.

1873 *Wawreck*, Joh.. 48 Rittm 50 A. Ingenieur. 60 Garibaldist. 61
Leg. Artill. Hptm. Freund Türr's. Jezt Turin.

1874 *Wawreck*... geb... Hauptmannsgattin. Ungarin.

1875 **Wehle,** Karl, geb. 1818. Eisenbahnkondukteur. 48 *Major*.
49 durch die k. k. Kriegsgerichte in Preszburg zum Galgen
verurtheilt, Urtheil auch aus Versehen an einem Unbekannten
vollzogen! Der wirkliche Major Karl Wehle lebt jezt in New-
yersey, A. als wohlhabender Architekt.

1876 *Weinàr*, Jos. Böhme. K. k. Gemeiner. 62 Leg. Jägeroberl.
in Ruvo Besieger der Briganti. Jezt Polen.

1877 *Weisz*, Joh. Honvéd...

1878 **Welsz**... Major. 49 KK. Hamburg.

1879 **Weldycz,** Sylvester. Pole 48 Oberlieut in 126.Honv. Bat.
49 KK. Hamburg. Deutscher Schriftsteller über die Verdienste
der Polen in Ungarn.

1880 *Weldics*... 49 T. Apotheker, Konstantinopel.

1881 *Wenz,* Henrik. Gemeiner der Freiwilligen...

1882 *Weninger*, Imre. K. k. Lieut. 60 päpstlicher Offizier.61 Lieut.
in Aqui. 62 Dom. Cuneo. 63 U.

1883 *Wenrich*, Karl. 62 Leg. Jägerhauptmann.

1884 **Wepler,** Josef. Geb. 1818 in Hessen-Kassel. K. k. Kadet.
48 Obristlieutenant Bem's, 49 dessen Zug über die walachi-
schen Alpen, mit 500 Huszàren heldenhaft deckend. In Widdin, R. nach Aleppo. 61 türkischer Obrist.

1885 *Wercsinszky* .. 49 bei der ungrischen Legion iu Piemont.
1886 *Werner*, Jos. Vom 1. Honv. Bat.
1887 *Werner*, Nik. Apotheker, London.
1888 *Wibrak*, (oder Wiwbrak) Josef. 59 k k. Korporal, desert. 60 Garibaldist. 61 Leg. Oberl. auf dem Weg von Neapel nach Nola mit Szilassy durch die Briganti entwaffnet und beraubt.
1889 *Wibrak*... geb... Oberl. Gattin. Tochter e.Handschuhmachers in Neapel.
1890 *Wiberal*, Anton. 61 Leg. Husz. Lieut. 62 Dem.
1891 *Wiberal*... geb... Lieut. Gattin. Neapolitanerin.
1892 *Wiegand*, Karl. Lieut. d deutschen Legion Ungarns. 50 A.
1893 **Wiernski**, Anton. *Major* poln. Legion. 49 T.
1894 **Wierzbicki**, Thomas. 48 Honv. *Major*. 49 T.
1895 *Wieser*, Rudolf. 61 Oberl. in Aqui. 62 Dem. Jezt Pest.
1896 *Wieser*, Anna, geb... Oberl. Gattin. Wiener Zimmermeisterstochter. † 62, zu Aqui.
1897 *Wieser*, Franz. Sohn. Geb. 1852, Pest.
1898 *Wieser*, Karl. Sohn. Geb. 1850. Pest.
1899 **Wimmer**, Gottlieb August. Geb. 1791, Wien. 1814 in Œdenburg Examinant. 1816 Jena. 1818 evang. Pfarrer in Oberschützen, in Ungarn. Gründer einer berühmten Erziehungsanstalt. Bibelverbreiter. 48 verkleidet fort, als ungrischer *Gesandter nach Berlin*. Von Friedrich Wilhelm IV. nicht empfangen. Nach Amerika, England, Frankreich, 52 Prediger in Bremen. 63 nach Wien , † daselbst, 12 Mai. Deutscher Schriftsteller über Ungarn , und berühmter theologischer Schriftsteller.
1900 **Wimmer**, Magdalena Barbara, geb. Schmidt. Aus Fürth in Bayern. Geb. 1798.Vermählt 1819. Oberschützen.52 Bremen Jezt Wien.
1901 *Wimmer*, Jos. 60 Garibaldist, Hauptm...
1902 **Winkler**, Ludwig, Geb. 1840, Sàros, k. k. Wachtm. Desertite 49 mit 100 Mann als Lieut. zu den Piemontesen. Kommandant der ungr. Legion während der Belagerung Venedigs. Dann Schweiz, Tunis, Konstantinopel. 60 Garibaldist, Brigadier. † 61 als k. ital. *Obristlieutenant*, zu Pisa.
1903 *Winter*, Franz. 48 Honvéd, 49 KK. Hamburg. Dann in der Armée von Schleswig-Holstein.
1904 *Wirth*, Josef. 48 Honvéd. Dann Mexiko. 63 Paris.
1905 *Wolowsky*... Poln. Legion. 49 T.
1906 **Woroniecky**, Fürst Josef. Pole. 48 Honvéd. *Obristlieut.* 49 T. R. Aleppo.

1907 Wotynski, Thadäus. 48 Obristwachtm. Poln. Legion. 49 T.

1908 Wranesevics, Adam. Serbe. 48 k. k. Lieut. gegen Ungarn kämpfend. 59 als k. k. Hauptmann quittirt. Schikte dem k. k. Konsul in Belgrad die k.k. Orden zurück. 60 *Major* der ungr. Leg. 62 Dem. Jezt Odessa.

1909 Wratislaw, Reichsgraf Eduard,von Mitrovitz. Geb. 1820. 48 Hauptmann. 53 Newyork, als Gärtnergeselle arbeitend, Abends in Soiréen. 63 amerikanischer *Oberst.*

1910 *Wulfinger...*

1911 Wysocki, Josef. Geb. 1799, Warschau. 31 polnischer Artill. Hauptmann. Dann Militärschule, Metz. 48 Oberst der Krakauer Nationalgarde; Dez. in Ungarn, Gründer der polnischen Legion, *General,* Kommandant von 10,000 Mann. 49, 48 Aug. mit 800 Polen nach T. 50 Schumla. 51 Kiutahia, Paris. 63 k. k. Staatsgefangener.

1912 Xántus, Joh. Geb. 1825. Advokat. 48 Hauptmann. 49 Deutschland, England. 51 A. 56 Bürger von Amerika, Reg. Beamter des geometrischen Instituts. In Kalifornien, Mexiko, Führer groszer Expeditionen. Besuchte 89 Inseln Australiens, legte 127,000 Seemeilen zurük, 59 Mitglied ungrischer Akademie; zu Besuch in Ungarn. Seit 60 Konsul der Vereinsstaaten zu Colima in Mexiko. Ungrischer Schriftsteller über Amerika.

1913 Zabil, Jos. Honvéd.

1914 *Zabrád...* Unteroff. A.

1915 *Zach,* Baron Roman. Mährer. K. k. Lieut. 62 desertird. Lieut. zu Cuneo.

1916 Zágonyi, Karl. Geb. 1824, 48 Gemeiner, Oberl. 49 russischer Gefangner,aus Kroatien entkommen, in der Sylvesternacht nach Bosnien,50 zu Fusz über den Balkan nach Schumla; dort ausreiszend, bis Varna, durch den Kanal in die Stadt. Durch Piemonts Konsul nach Konstantinopel. Dort 51 auf Oestreichs Requisition arretirt, casus belli, nach England abgeschifft. Nach A. Zehn Jahre Taglöhner u. s. w. 61 zu Fremonts Stab, Obristwachtm. 25 Okt. der *Held von Springfield.* Griff mit 150 Mann 2200 Mann an, schlug sie völlig in

Flucht. Viel Todte, Verwundete. Daruach amerikanischer *Oberst.* 63 Disponibilität.

1917 *Zahoray*, Eduard. Barbier. K. k. Unteroff. 60 Huszàr bei Garibaldi. 61 Lieut. in Aqui. 62 Dem. 63 Cuneo. Jezt Turin.

1918 *Zàkàny*, Stef. 62 Dp. Crema.

1919 **Zamoisky**, Graf... Pole. *Sekond Kommand.* poln. Legion. 49 T. mit 600 Polen. Schumla. 50 Malta, 120 russische Polen rettend. Paris. 61 thätigstes Mitglied polnischer Nationalregierung im Auslande, in London. Neffe des Fürst A. Czatoriski.

1920 *Zander*... Mechaniker. 50 A, mit Kükemezei und Jaeger in St. Louis.

1921 *Zarka*... Hauptmann. Auditor. 49 T...

1922 *Zarski*, Eduard. Pole. Artill. Hauptmann poln. Legion. 49 T.

1923 **Zarzycky,** Dionys. Pole. 48 Honvéd*obrist.* Bems Generalsstabchef 49 T. R. Aleppo. 61 türkischer *Obrist.* *Osman Bey.*»

1924 *Zarzycky*... 48 Honvédlieut. 49 T...

1925 **Zawadzky**, Alfred. Pole K. k. Officier. 60 Garibaldist. Der «Held von Santa Maria.» Silbermedailie. 61 Leg. Gemeiner, Oberlieut. in Aqui. 62 Dem. 63 Leg. Oberl. der Huszàren; Juli demiss. Nach Polen.

1926 **Zerdahelyi**, Eduard von. Klaviervirtuose. 48 Hauptm. Agent. 49 Weimar, bei Liszt, Leipzig, bei Kertbeny. 50 A. Klaviervirtuose, Boston. Amerikanischer milit. Schriftsteller.

1927 **Zerfy,** D^r. (Hirsch) Gustav. Redakteur des «Ungar.» 48 Hptm. Adjutant Schweigels. 49 Belgrad, beim franz. Konsul. 50 Uebersetzer der Werke Kossuth's ins Deutsche. 52 Paris. 53 London. Mitglied des Royal Medical College. Sekretär des deutschen Nationalvereins, unter Kinkel. 63 Dez. vor Gericht. Bekannte für Oestreich an Journale zu schreiben. Isr.

1928 *Zerfy*... geb... 63, London, Besitzerin eines Mädcheninstituts.

1929 **Zernovicz,** Graf Kuno. 48 Honvéd. Dann Paris. 63 Oberstallmeister des Königs von Griechenland, Georg I. Mit nach Athen.

1930 **Zetter,** Adele, geb. *Wimmer.* Zweite Tochter des ungrischen Gesandten für Berlin. Geb. 1828, Oberschützen. 54 Bremen, beim Vater. Seit 53 Kaufmannsgattin, Wien.

1931 **Zeyk**, Albert, Edler von Zeykfalva. Siebenbürger. 48 Hptm. 49 KK. Hamburg. London. Zurück nach Ungarn. 54 nach Amerika. 60 London, Brüssel, soll sich für Graf Bethlen ausgegeben haben. 62 Konsul der Südner Nordamerika's in Tarent, Italien.

1932 **Zichy,** Graf Otto. 48 Oberst. 49 Mitunterzeichner Komorns. Hamburg. London. U.

1933 *Zilinsky...*

1934 *Zimandi...*

1935 *Zingraf,* Imre. Leg. 62 Dp. Crema.

1936 *Zoka,* Eduard Lieut. A.

1937 *Zoka,* Stef. Lieut. 49 T. 54 A.

1938 **Zöllowski,** Hypolit. Pole. *Major* poln. Leg. 49 T.

1939 *Zonda,* Jos. Leg. Tambour, 63 *, Ankona.

1940 *Zzámbokréti.* Stef. 62 Leg. Lieut; noch da.

1941 **Zearnay...** 48 Guerillachef, Stublrichter. Ging nach A. Jowa; jezt Peru.

1942 *Zsigmond,* Ludwig. 61 Lieut. in Aqui. 62 Dem.

1943 *Zsigmondi...* 61 Leg. Lieut. 62 Dem.

1944 *Zsimmo...* 49 ungrische Legion in Piemont.

1945 *Zsolnay,* Julius. 59 k. k. Feuerw. desert. 60 Garibaldist. 63 Leg. Lieut. Ankona.

1946 *Zsolnay,* Zölestin. Seit 62 Leg. Hauptmann. 63 *, Ankona.

1947 *Zsolnay...* geb... Haupmannsgattin.

1948 *Zsombay...* Seit 62 Leg. Lieut.

1949 *Zsömböry,* Ludw. K. k. Lieut. 60 päpstlicher Lieut. Seit 62 Leg. Lieut.

1950 **Zeulavszky,** Emilie von, geb. Kossuth. Dritte Schwester des Gouverneurs. Geb. 1815. Vermählt 32 mit e. Polen, k. k. Lieutenant. 52 nach Brüssel. dann A. † 60 in Newyork, Auszehrung.

1951 **Zeulavszky,** Emil von. Geb. 1835. 53 A. Kaufmannsgehülfe, Fotograf. 61 Gemeiner ungr. Legion in Italien. 62 A. 63 amerikanischer Oberlieut. Zuerst neben Asboth, dann Negerregiment.

1952 **Zeulavszky,** Ladislaus von. Geb. 1837. 52 A. 60 Italien, Garibaldist. 61 Leg. Lieut. Adjutant. 62 A. Gründer des fünften Negerregiments. 63 *Oberst,* Oberingenieur d. Fortifikationen von Port Hudson.

1953 **Zeulavszky,** Kasimir von. Geb. 1842. 53 A. In einer Bleifabrik. 62 amerikanischer Oberlieut. 63 quittirt, in Kansas.

1954 **Zeulavszky,** Zsiga von Geb 1845. 53 A. 60 nach der Mutter Tod, adoptirt durch eine amer. Familie in New Hampshire. 61, — erst 16jährig — Adjutant Butlers — Lieut., alle Feldzüge mitmacheud. † 63, Port Hudson, am Tyfus, begraben in Brooklyn, zu seiner Mutter gelegt.

1955 **Zeurmay,** (Surmacki) Karl. Pole, aus russisch Polen.

K. k. Rittm. d. Wilhelm Huszàren; quittirte 48, desertirte mit einer Eskadron nach Ungarn, Major. 49 verurtheilt, an Ruszland ausgeliefert, frei. 53 nach Frankreich. 55 Konstantinopel. 59 Italien, Leg. *Obrist.* 60 Obristwachtm. der Piazenca Huszaren. Jezt Disponibilität Turin.

1956 *Zuber*, Jul. 60 Garibaldist. 61 Oberlieut. in Aqui. 62 Dem. 63 nach U.

1957 **Zukkl**, Anton. 48 Kourrier des Kriegsministeriums. 49 T. 51 Frankreich , unter den Ouvriers. 52 zu Guyon nach der Türkei. 53 A. Fotograf. † 58 im Wahnsinn, zu Newyork.

1958 *Zupka*, Mich. Vom 34. Honv. Bat.

Nachträge und Korrekturen.

---

3 *Accipe.* † nicht in Crema, sondern zu Neapel.
46 *Asztalos*, Marie, geb... Aus Deutschland. Genf. Obristenwittwe, jezt London.
146 **Benedikti,** Jos. Diente nie als k. k. Lieut.
148 *b Beniczky*, Sarah, geb. *Quaife*. Fotografengattin. Geb. 1834, England. Jezt Newyork.
148 *c Beniczky*, Kornelia. Tochter. Geb. 1855. Newyork.
148 *e Beniczky*, Karl. Sohn. Geb. 1858. Newyork.
241 *e* **Buackyi,** Johann. Pole. 60 Garibaldist, Hauptmann. 61 Leg. Hptm. † 63, gefallen auf dem Schlachtfelde in Polen.
244 **Buskl,** Josef von. Geb. 1844. Pest. Sohn des 48 gefallenen Majors, 49 Würtemberg, Milit. Schule. 56 Schule, Zürich. 58 Paris. 59 Turin, Gemeiner des k. ital. Inf. Reg. Bei Martino verwundet,Tapf. Medaille. Fourier. Dem. Nach England, 60, mit Medici nach Sicilien u. Neapel, Oberlieut. Bei Capua verwundet. Dem. 61 Oberl. Aqui. 62 Dem. 62 bei Aspromonte, arretirt. Seit 63 bei Fürst Crouy von Ungarn.
244 *b* **Buskl,** Karoline von. geb. Rakovszky. Geb. 1820 Preszburg. 48 Wittwe des Majors Stefan v. Buski. 50 nach der Schweiz. † 60, Luzern.
949 **Croul-Chanel,** Fürst Auguste,der «*Enkel Arpáds*,» geb. 1793. (Aelterer Bruder des Grafen Henry Crouy, geb. 1799, des Besitzer der Herrschaft Péczely in Ungarn) (Diese Biografie wird im Hauptwerke in einem eigenen, völlig objektiven Artikel behandelt). Lebte beständig in Paris ; seit 63 in Turin.
299 *Czivian*, Stef. Oberlieut. in Cuneo. 63 arretirt wegen Unterschleif. 64 verurtheilt zu 3 Jahr.
307 **Darvas,** Ladislaus. 63 Lieut. in Cuneo.Ungrischer Dichter, für Fürst Crouy-Chanel.
1948 **Egassy,** Jos. 48 ungr. *Obrist.* Jezt in Birmingham,Direktor e. Gewehrfabrik.

6

403 **Farkas,** Martin, Hptm. Siebenbürger. Seit 52 Australien.

463 **Frigyesy** (Suták), Gustav. Besitzt die Silbermedaille.

473 **Gàl,** Alexander, von Czik-Szent-György. Geb. 1821. Székelyer. 35 Olmützer Milit. Akad. 44 k. k. Lieut. 42 Prof. 47 k. k. Gen. Stabs Oberlieut. Ofen, quittirt; 48 Schriftsteller, Reglementsautor, Ministerial-Kommissär nach Siebenbürgen; Berufer der Volksvers. in M. Vàsàrhely. Organisateur der Székelyer. Sieger gegen Urban. Widerstand drei Monat 60,000 Feinden. 49 durch Bem *Obrist* aller Székelyer Truppen. Sieger bei Kökös. Berühmter Rückzug. July *General.* Ergab sich nicht. Blieb verstekt in Ungarn. 50 über Krakau, Hamburg; dort Antrag zur Uebernahme des Oberkommando in Holstein. 51 London. 52 als Agent nach Konstantinopel. Nach dem Krimfeldzug Architekt. 60 bei Garibaldi, doch nicht verwendet. 61, mit Einv. Garibaldi's Expedition organisirend; Prozess; frei. Seither Neapel

474 **Gàl,** Polixena v. geb. v. *Benkö.* Generalsgattin. 51 London. 58 U. † 62 Pest.

477 *Galicz,* Jul. Wacht. † 63, in Asti.

496 **Gloez...** Major. 49 T. 50 U.

546 **Gyurmàn,** Adolf. Seit 63 U.

557 **Hajnik,** Paul v. † 64. April. Pest, 56 J. a.
Hajnik... zweite Tochter. Geb... —
Hajnik... Sohn. Geb... —

580 *Haszlinger.* Alex. Gebürtig aus Stuhlweissenburg.

584 **Hazay...** 49 Redakteur des ungrischen Journals «Der 14. April». 50 T. R. 55 mit Omer Pascha als türkischer Major in der Krim, erhielt zwei milit. Dekorationen. Soll 58 nach Temesvàr amnestirt zurück, dort Associé seines Vaters in der Buchdrukerei geworden, am 2. Sept. 60 aber arretirt worden sein. (Gratzer Telegraph, 1860. N. 225.)

596 **Helfy** (Heller), Ign. Dr. Geb. 1826.
Henningsen, Ch. Fred. Geb. 1815. Engländer. 34 Kap. bei Don Carlos. Obristl. 44 k. russischer Obristl. Zirkassien. 48 in Ungarn, 49 T. 50 Kiutahia, bei Kossuth, Projekt den Exgouverneur mittelst eines Ballons zu entführen. Ernannt zum Kommandanten Komorns in futuribus. 51 A. Kossuth empfangend. 56 mit Walcker in Nicaragua, Hpt. Major. Amerikanischer Romanschriftsteller, Autor über Ungarn. 64 Obrist der *Sudner,* Kämpfer für Sklaventhum.

641 *Horn,* Charles Emil. Sohn des J.-E Horn. Geb. 1858, Paris. Isr.

642 *Horn,* Elvire. Tochter. Geb. 1860. Paris. Kath.

643 *Horn*, Emma. Tochter. Geb. 1862. Paris. Kath.

675 **Huszágh**, Gustav, aus Neusohl. 54 in A. Zigarrenhändler, Newyork.

684 **Ihász**, Daniel, Ritter von. Obrist. War blos Gründer 59 der, dann wieder aufgelösten, ungr. Legion in Italien, welche der 60 gegründeten voranging.

697 *Ivo*, Karl. Zu lesen : *Soó*, Karl.

712 **Jekelfalusy**, Vinzenz v. Bischof der Zips. 44 Domherr von Preszburg und Reichstagsmitglied. 48 Bischof. 49 vor dem Kaschauer k. k. Kriegsgerichte; verbannt nach Oestreich.

729 **Juhos**, *Hans* Julius.

737 **Kabnt**, Leopold. Pole. 49 Honv. Kap. Seit 54 Mounted Police-Lieut. Australien.

737 *b Kabat*... geb... Polizeilieutenantsgattin. Australien.

772 **Karaflnt**... Geb. zu Würtemberg. 48 U. Kousin Szumráks † Kalifornien.

858 **Korzolinski**, Sev., 48 *Oberst* poln. Legion. 49 T. 52—55 Australien. Jezt U.

867 **Koszek**.. Pole. Oberl. 49 T.Seit 52 Mounted Police-Lieut. Australien.

915 **Krajcsir**, (nicht Krajcsik) Dr. Karl. War 49 in Eperies.

934 **Kun**, Béla. Rittm. 64 Weszprim, U. Nicht Isr. Neffe des Major Kun, der 64 Reichstagdeputirter war.

941 *La Cinna*, Oskar, London, 64 verurtheilt zu 1 Jahr.

984 **Lichtenstein**, Georg. Geb. 1823, Keszthely. Reichstagsjurat, Musiker, ungrischer Mnemoniker. 48 von der Regierung nach Berlin geschickt. 49—50 Berlin, Königsberg. mnem. Vorles. 59 ausgewiesen, 4 Wochen lang auf der Nordsee. London, konzertirend. 55 Edinburgh, Musiklehrer. Seit 64 Prof. des Prinzen Alfred. Englischer Unterthan.

985 **Lichtenstein**, Ludw., 49 KK. 50 London, Komponist. Kaufmann 57 U.

1004 **Lövinger**, Karl. Seit 49 London; wohlhabend.

1086 *b Menyhard*, Emma, geb. Ritter. Kapitänsgattin. Geb. 1840 Wurtemberg. Jezt Newyork.

1086 *c Menyhárd*, Hugo. Kapitänsohn. Geb. 1856. Newyork.

1086 *d Menyhárd*, Lora. Tochter. Geb. 1858 Newyork.

1086 *e Menyhárd*, Susan, Tochter. Geb. 1860. Newyork.

1086 *f Menyhárd*, Eugen. Sohn. Geb. 1862. Newyork.

1174 **Mogyorody**, (Kaiser) Adolf. quiszirter Obristl. Isr.

1170 **Nagy**, Peter. Seit e. Jahren in Lancaster.

1240 **Orosz**, Jul. Zurück nach U. Seit 63 Musiklehrer. Edinburgh.

1224 **Ováry,** (Altstädter) Leopold. Hptm. Soll die *Silbermedaille* besitzen.

1226 *Ováry,* Peter. Aus Abauy (also nicht Székelyer), 63 Fechtm. im Milit. Erz. Haus, Modena. 64 Turin.

1316 **Polczéry...** 59, k. k. Art. Schule; desertirt. 60 k. ital. Lieut. † 63, erschossen durch die Briganti, bei einem Spazierritte um Neapel.

1322 *Pongrácz...* Lieutenantsgattin. † in Ungarn.

1469 **Schlesinger,** Max. Geb. 1822. Kismàrton. Prag, Wien; Arzt. 48, Nov. Wien, vors Kriegsgericht, entlassen. 50 Berlin, England, sich verehlichend. Seither dort englischer und deutscher, exzellenter Schriftsteller. Seit 50 Besitzer der lith. «Englischen Korrespondenz.»

1469 *Schlesinger...* geb..., verwittwete *Polak.* Schriftstellersgattin. London.

1677 **Szodtfried,** Ferd. Oberst. April 64, verurtheilt zu 3 Jahr.

1678 **Szumràk,** Ernö, geb. 1831. Neusohl. 48 Honv. 49 Hamburg. Bis 52 London, 53 Australien. Goldgräber. 54 Amerika. 55—59 Edinburgh, Buchhändler. Seither bei «William and Norgate» London.

1950 **Wargha...** Sohn des Stef. W. Geb. 1845. Jezt bei Buchhändler Longman, London.

I. VERSTORBENE.

Natürlichen Todes.

Almásy, J. v., Pest. — Alvinczy, Br., Brasilien. — Antonovics, A. v., Oberst, Wien.
— Bakcsy, Paris. — Beisigl, K. Amerika. — Békessy, L. v., Paris. — Beleznay,
Widdin. — Bem, J. General, Aleppo. — Bémer, Br. L, Bischof, Ungarn. — Bróthy,
E. v., Hamburg. — Beyer, Br. F. Lüttich. — Beyer, Bruin... Lüttich. — Bikkesy
(Buchekker) A. London. — Birányi, (Schultz) Stef., Cuba. — Birö, E. v., Major,
Amerika. — Borjáty, N. New-Orléans. — Buski, Karoline v., Luzern. — Collin, L.,
v., Obristw., Konstpl. — Csernatoni, Imre, Konstantinopel. — Czillinger, Ungarn.
— Czirjék, A. Rittm, Neapel. — Danburgby, E. Th., Major, London. — Danie-
lisz, J. Oberl., Pest. — Dembinsky, Graf Th., Cinciuati. — Döbokay, Konstan-
tinopel. — Dözsa, Dem., Bukarest. — Duka... Egypten. — Frater, A, Ungarn. —
Gál, Polyxena v., Pest. — Gaal, Dr.. Bosnien. — Galicz, J, Asti. — Gerando, A.
v., Dresden. — Guyon, R., Graf, Konstantinopel. — Hajnik, Paul v., Pest. — Há-
mory, E., Alessaudria.—Hazay..., Konstantinopel. — Hirschler, M., Verona. — Hol-
lán, IJ., Obristw., Illinois. — Ibrányi..., Brasilien.—Ilinski,Graf A., Konstantinopel.
— Irinyi, J. v., Pest.—Jabloniczky, Ign., Erlau. — Jakubowsky, Bosnien. — Jankó
N., London. — Kanalassy,... Virginien. — Karafiat..., Kalifornien. — Kemény, Br.
Farkas, Oberst, London. — Kindersbey... Generalmajor, Stambul. — Királyi, Joh.,
Konstantinopel. — Knall, G., Konstantinopel. — Kornis, Karl, Ungarn. — Kossuth,
Charlotte v., Brüssel. — Kossuth, Vilma, v., Nervi. — Koszta, M. v., Guatemala.
— Kovács, F., Kalifornien. — Kovács, Joh., Konstantinopel.—Kovács,Stef., Jowa.
— Kölbl, Majorsgattin. — Krajcsik, Dr. K., Newyork. — Kutussovics.. Monaster.
— Lemény, Joh., Bischof, Wien. — Lukács, A. v , Pau. — Marsovszky. Therese,
Lüttich. — Mednyánszky, Anna, London. — Merey (Schöpf) Dr. A, Manchester. —
Mérey, M. v., Manchester. — Mérey, Konstanze v., Manchester. — Mészáros,
László, Konstantinopel. — Mészáros, Lázár. v.; General, Eywood. — Meszlényi,
Susanna v., Newyork. — Michálöczy, G., Newyork. — Monti, Conte Alessandro,
Oberst, Italien. — Müller, Stef., Obristl, Pest. — Nagy, Imre, Ungarn, — Nyiri,
J., Amerika. — Nyujtó, M, Amerika. — Paget. O, Siebenbürgen. — Palfy, R., New-
orléans. — Pech, (Kadar) Konstantinopel. — Perczel, Delicia v., Jersey. — Péteri,
J, Newyork. — Pongrácz.... Lieut. Gattin, Ungarn. — Pulszky, J., v. Florenz
— Reis..., Neapel. — Rombauer, Th., St-Louis. — Rözsafy, Zsiga, Newyork. —
Schmidegg, Graf Kolomau, Paris. — Semsey, A, Neapel. — Sipos, Joh., Amerika.

— Somogyi, A., Amerika. — Somsich, Joh. v., Major, Florida. — Spaczek, Dr..., Newyork. — Sveikel, Washington. — Szabó, Frz., Amerika. — Szabó, Ign., Amerika. — Szabó, Iván, Edinburgh. — Szabó, Jos., Konstantinopel. — Szalay, I., v., Oberst. Arkansas. — Szász, D. — Szerényi, A. v., Flushing. — Szöllösy, F, v., Ungarn. — Teleki, Gräfin Blanka, Paris. — Timáry, Louise, Ungarn. — Török. L., Ungarn. — Ujházy, Therese von, Ungarn. — Valentini, Rittm., Ungarn. — Vékey, Anton, Major, Winchester. — Vesselényi, J., Konstantinopel. — Wagner, Frau, Kiutahia. — Wieser, Anna, Aqui. — Wimmer, G. A., Wien. — Winkler, Ludwig, Pisa. — Zsulavszky, Emilie von, Newyork. — Zsulavszky, Zsiga v., Port Hudson. (112

Durch Unglücksfall.

Batthyányi, Graf Kas., Sprung aus dem Wagen, Paris. — Beöthy, E. v. Herzzersprengung, als er seine Familie wiedersah, Hamburg. — Hermann, Adolf, nebst Frau und 7 Kinder, versunken mit der «Austria». — Kalmár, Edm., Major, gestorben auf dem Schiffe. — Karády, Ign., gestorben auf offner See. (13)

Durch Selbstmord.

Guyon, Graf Viktor, Paris. — May, Jos., Komorn. — Mednyánszky, Br. Cäsar, Hyères. — Orosz, J. v., Versailles. — Szécsenyi, Graf Stefan, Döbling. — Teleki, Graf László, Pest. — Unger, H., Hamburg. (7)

Im Wahnsinn.

Dudás, Joh., Bukarest. — Horhy, M. v., Ungarn. — Kerényi, Fr., New-Buda. — Splényi, Baron Louis, Konstantinopel. — Szabó, Stef., v., Oberst, London. — Szász, D. Ungarn. — Zukki, Anton, Newyork. (7)

Im Duell.

Asztalos, A. v, Genf.

Ermordet.

Kanszay, Andr., Oberl, Varna. — Koslowski, Wlad, Konstantinopel. — Neunyi's, Kindermädchen, Widdin. — Polczéri,... Oberl., Neapel. — Váry, Stef., Hptm, Ankona. (5

Im Kerker.

Accipe..., Neapel. — Arvay... Oberl, Cuba. — Beck (Racidula) Wilhelmine, London. — Dimény, Jos., Siebenbürgen. — May, Jos., Komorn. — Nagy, Ludw. Jicin. — Szever, Joh., Alessandria. (7)

Hingerichtet.

Andrássi, Major, Pest. — Arvay..., Major, Pest. — Baróthy, Joh., Siebenbürgen. — Pataki, (Pieringer) Mich., Wien. — Szabó, Peter, Verona. — Török,... Prof. Siebenbürgen. — Ujházy, A. (?). — Uzner... Oestreich. — Várady, Jos., Siebenbürgen. — Weble, Karl. (10)

Gefallen auf dem Schlachtfelde.

Bosckyi, J., Polen. — Dunka, Wl., Amerika, — Flügel, H., Sta Maria. — Grehenek, G., Williamsburg. — Kanyuk, Joh., Sta Maria. — Lorody. (Eischl)... Oberst, Bagdad. — Otto, Andr., Polen. — Prágay J. v.. Oberst, Cuba. — Strelecki, A. v., Polen. — Székelyi, L., Polen. — Tartol. J., Oberst. China. — Ujlaky, L., Australien. — Tüköry, L., Obrist, Palermo. (13).

Mednyánszky, Br. Cäsar, Hyéres. — Stein, E. M. General, Konstantinopel. (2)

Verschollen.

Priboda. Job., Oberst, Amerika. — Reisingér, Barou... — Boros, A.

(Verstorbene, total : 180.)

II. LEBENDE.

A. Amnestirte.

Amnestirt, oder sonstwie nach Oestreich oder Ungarn zurück gekehrt:

Acs, G. — Aczél, Ign. — Alexi, Karl. — Almásy, Paul von. — Almásy, Ilma von. — Anbrosovics, Gizella von. — Audorfi, K. — Andrásy, Graf Aladár. — Andrásy, Graf Julius. — Dabos, M. — Bacarcic, Svet. — Badini. — Bakody, Dr. Th. — Balázs, F. Balázs, Th. — Balázs, K. — Balázs, V. — Balay. — Balogh, Joh. v. — Balogh, Jos, Balogh, Stef. — Balogh, Vikt v. — Batthyányi, Gräfin Antonie. — Batthyányi, Gräfin Emanuela. — Batthyányi, Graf Ellemér. — Batthyányi, Gräfin Ilona. — Batthyányi, Graf Stefan. — Bekes, Karl. — Bencze.... — Beöthy, Louise von. — Beothy, Akos von. — Beöthy, Sarolta von. — Bernát.... — Berzenczey, L. v. — Beyer, Baron.... — Biro, E. v. — Bittö.... — Bokros L. — Borsay, A. — Bradics.... — Bujánovics, P. v. — Burighi, A. — Cornides L. — Csáky, Graf L. — Csató, A. Csejtey, L. — Cserépi, Stef. — Csia, Ign. — Csia, T. — Csink,Joh. — Csink, Frau. — Czapkay, Dr. — Dancs, L. — Danday. — Dandai, Joh. — Deák, Kr. — Derra, K. v. — Dessewffy, D. v. — Diöszeghy, Baron B. — Diöszeghy, Baron G. — Dösa, A. v. — Draskovics, Graf Karl, — Dzwonkowski, Ed. — Egressy, Gabriel.— Elekes, G. — Eötvös, Baron Josef. — Eötvös, Barouin Agnes. — Eszterbázy, Graf Paul. — Farkas.... Obrist. — Fáy, Clementine von. — Fekete.... — Felegi K. — Fornet, Kornel. — Fornet, Frau. — Fülöp, L. — Gál, Gustav. — Gellics, R. Major. — Gellics, Frau. — Glück, Dr. J. — Gorove, Stef. v. — Grosz. — Gyergye. — György. — Hajnik, Frau v. — Halász, Ign. — Halász, Jos. Major. — Halász, K. Major. — Házmán, — Házmán, Frau. — Henzelman, Dr. — Hertelendy, N. — Horváth, Imre, Audit. — Hrabovszky, Major. — Hubay... — Hubinger, Karl. — Hugo, Dr. Karl. — Hugo, Albert. — Hunyadi, Graf Joh. — Jámbor, Paul. — Jankó, Vinzenz. — Jekelfalussy, Bischof. — Joannovics, G. — Kallay, Ign. v. — Kálöczy, Lud. v. — Károlyi,Graf A. — Károlyi, Graf E. — Kászonyi, Josef v. — Kászonyi, Daniel. — Katona, Nik. v. — Kaunitz, Theod. — Kékessy, Mich. — Kertész, Joh. — Kinizsy, István. — Kiss, Lad. — Kuezoviczky, Stef. — Korn, Fil. — Kosztka, Ludw. — Kostolányi, — Kühne, Auguste, — Kühne, Mart. — Leutsch, Baron Alb. — Leutsch, Baronin Agnes. — Lonovics, Jos. v. — Lónyai, Melchior v. — Lövei, Klara. — Lukács, Mor. v. — Maar, Jul. — Madarasz, Wilh. — Makay, Alex. v. — Marsovszky, Maurus. — Martin, C. W. — Matheidesz. J. M. — Matyas, Stef. — Mészáros, Lud. — Mészáros, Stef, — Meszléoyi, Eugen. v. — Mihajlovics,

Anast., — Mihalovics, Lud. — Mihalovics, Karl. — Mih lovics... — Molnár, August.
— Molnár, Frau... — Molnár, Georg. — Molnár, Karl. — Murgu... — Muzsiko, G.
Müke, G. A. — Nagy, Imre. — Nagy, Ladisl. — Nagy, Paulioe v. — Nagy, Stef. —
Nennyi, Georg. — Nennyi... — Noisser, Richard. — Nyomorkay, Hugo. — Okruszki,
Joh. — Orbán, Blasius Baron v. — Orosz, Frz. — Ország, Anton. — Ováry, Peter. —
Orhalmay, Jos. — Paget, Eleonor. — Pálffy, Dom. Vater. — Palffy, Dom. Sohn. —
Pápafi, senior. — Pápafi, Tim. — Pápay, Joh. — Papdán, Gregor. — Patkos, Jos. —
Perczel, Irma v. — Perczel, Julie v. — Perczel, Elisabeth v. — Perczel, Alex. v. —
Perczel, Rud. — Podhorszky, Ludw. — Pollak... — Pongrácz, Géza. — Poninski,
Graf Lad. — Pulszky, August v. — Radnics, Imre. — Radnics, Joh. — Rákossy...
Rakovszky. — Ráth, Nándor. — Redl, Ludw. — Reményi, (Hoffmann) Eduard. —
Römer, Florian Dr. — Rosti, Paul v. — Rozsti, Stef. — Ruscsák... — Ságby, Ant.
— Sárréty, Jos. — Schindler, Dr... — Scholz, Jos. — Semsey, Dionys. — Semsey,
Leopold. — Stefan, Erzherzog von Oestreich, Palatin von Uugarn. — Stvorik, Mich.
Szabó, Ign. — Szabó, Julius. — Szabó, Samnel. — Szelay, Ladisl. v. Historiker. —
Szemere, Leopoldine v. — Szepesy, Nik. — Szirmay, Paul v. — Szirmay Julius v.
— Szontagh, Samuel. — Szöllösy, Frau. — Takács, Jos. — Tassy, Béla v. — Teleki,
Graf Oskar. — Thaly, S. v. — Timáry, J. v. — Tisza, K. v. — Tiszáyi. — Toper-
czer. — Tóth, Jos. — Ujházy, Alex. v. — Ujházy, Th. v. — Uechtritz, Baronin
Domenika. — Uechtritz, Baron Emil. — Uechtritz, Baronesse Viktorine. — Uechtritz,
Baron Zsiga. — Vámbery (Wammberger) Arnim. — Várady, Bertalan. — Vay,
Graf Lad. — W.... Stef. — Wargha, Stef. — Wass, Graf S. — Weninger. — Wie-
ser, R. — Wieser, T. — Wieser, K. — Wimmer, Magdalena. — Wysocki, J. General.
— Xántus, Joh. — Zetter, Adele. — Zichy, Graf Otto. — Zuber.

(Somit kehrten nach der oestreichischen Monarchie zurük 236 Individuen.)

Emigranten, welche 1861 bereits wieder Reichstagmitglieder waren.

Lonovics, J. Erzbischof v. Scardona. — Andrásy, Graf Aladar, Obergespan v. Gömör.
— Eszterházy, Graf Paul. Oberhaus. — Vay, Graf Ladislaus. Oberhaus. — Wass, Graf
Samuel. Oberhaus. — Andrásy, Graf Julius, Deputirter v. Zemplin. — Balogh, Joh.
v. Dep. v. Rars. — Batthyányi, Graf Stef. Dep. v. Stuhlw — Bittó, Stef. v. Dep. v.
Somogy. — Csáky, Graf Lad. Dep. von Trencsin. — Eötvös, Baron Jos. Dep. der
Stadt Ofen. — Gorove, Stef. v. Dep. d. Stadt Pest. — Hajnik, Paul v. † Dep. v.
Waitzen. — Imrédy, Leop. v. Dep. v. Wieselburg. — Ivanka, Imre (Siegm?) Dep.
v. Pataj. — Lámbor, Paul. Dep. v. Bács. — Kálóczy, Z. v. Dep. v. Raab. — Károlyi,
Graf Eduard. Dep. v. Abanj. — Karolyi, Graf Alex. Dep. v. Csongrad. — Lónyai, M.
v. Dep. v. Beregszász. — Szalay, Lad. v. Pest. — Teleki, Graf Laszlo. Dep. v. Pest.
†. — Tisza, Koloman v. Dep. v. Debreczin. — Ullmann, Bernarth v. Dep. v.
Trencsény. — (24)

B. Nicht Amnestirte.

In Amerika.

In den Vereinsstaaten: Ajtay. — Albert, A., Obrist. — Albrecht, J. v. — Ammon, Fr.
— Arnsberg, G., Baron, [Oberst. — Arboth, A. v., General. — Asztalfy. — Baa. —

Baksa u. Frau. — Dauda. — Barcsa. — Bárdi, R. — Baröcs. — Baróthy, L. u. Frau.
Bárs. — Bathory, Ign., General. — Battay. — Baumann. — Decse. — Becsey. —
Bejács. — Beke ... Pfarrer. — Bencső. — Beniczky, K. v. m. Frau u. 3 Kinder. —
Detyár. — Bibra, E. v. — Bleszczynski. — Bodonek u. Frau. — Bœck, J., Major.
— Bogdan. — Bokonyi. — Bontovics. — Borbély. — Bota, J. u. P. — Bozlay. —
Böröudy. — Brodner. — Buchmayer. — Duháuy. — Csapkay. — Cserepi. — Cser-
melyi, J. Hptm. — Csillag. — Csiszelzky. — Csomortányi, A. — Czuczor. — Debre-
czenyi. — Décsy, E., Major. — Dézel. — Dobozy, E. — Dobozy, P., Oberst. — Dol-
lesz. — Dömötor. — Drahos, E. — Ecsedy. — Eichler. — Essenyi. — Fábry. —
Farkas, L. — Fehre u. Frau. — Fejérváry u. Frau. — Fekecs. — Fekete. — Fiala,
J. Oberst. — Figyelmcsy, F., Oberst u. Frau. — Foktner u. Frau. — Fotby. —
Förster. — Freund. — Fülöp, F. — Fülöpp, P. — Gál, Andr. — Gersovicz. — Ger-
ster, A., Hptm. — Gorszki. — Grabacsics. — Grossinger, K. — Grossinger, K.,
Kapitän. — Gruber. — Grön. — H...er u. Frau. — Haas, Dr. — Hamvaty. — Ha-
raszti, A. — Harczy. — Heilprin, M. — Hertylendy. — Hildebrandt, Major. — Hra-
bovszky. — Jäger. — Jagello, Appolonia. — Jekelfalussy. — Juszt, E. u. Frau. —
Juvelier. — Kada, K. — Kakas. — Kaminsi. — Kapner. — Kaszás. — Katich. —
Kayser. — Keményfi, J., Kapitän. — Kiuizsy. — Kisfy, Dr. . . — Kiss, J. — Kiss, K.
Klaudek. — Klempa. — Knopflach. — Koblányi. — Kompér. — Koszlay. — Koszta,
Frau. — Kosztka. — Koráes, G. — Kovács, Stef., Major u. Frau. — Kozlay, A.
Oberst. — Körmöudy, Vater u. Sohn. — Kuhn, A. — Kuhn, J. — Kulcsár. — Küke-
mezey, M. — Langer, Dr. — László, E. u. Frau. — Liptay. — Lovassi. — Lönyi. —
Lőrincz u. Frau. — Ludvigh, Elek v. — Lulay u. Frau. — Lütschel. — Madarász,
L. v. — Majthényi, Jos., Baron u. Sohn. — Makk, Jos. — Mandola. — Matiszber-
ger. — Matta. — Mayer. — Mayerhoffer. — Ményhárd, J., Kapitän, m. Frau u.
4 Kinder. — Mészáros, E., Major. — Mészárós, J. — Möcs. — Mohor, M., Kapitän.
Molnár, J. — Nagy, J. — Németh, Gr. — Nemeth ... Obrist. — Newdauovics. —
Nyitis. — Nyuly. — Oszlányi. — Pártosy. — Pásztory. — Perczel, N., S. v. — Per-
czel, Nik. v., Oberst u. Frau. — Plosser. — Podhraczky. — Pol. — Polácsek. — Po-
mutz. — Pongrácz, A. — Prick. — Pnueky. — Radoics, St, Kapitän. — Radnik. —
Rakowszky. — Reményi. — Rohmer. — Rombauer, R , Oberst, u. Frau. — Rom-
bauer, Rod., Kapitän. — Rombauer, Rol., Lieut. — Rombauer, G., Kapitän. — Ró-
zsafy, M., m. Frau u. Tochter. — Ruprecht. — Ruttkay, Louise v — Ruttkay, L. —
Ruttkay, B., Kapitän. — Ruttkay, G. — Salamon, F. — Sándor, F. — Sárpy, St.,
Arm. Lief. — Scheinert, F. — Schlesinger. — Schmicher. — Scholz u. Frau. —
Schœpf, Alb., Brigadegeneral. — Semsey. K., Major, m. Frau u. 2 Kinder. — Sey-
bold. — Siegel u. Frau. — Simoucsics. — Sipos. — Spelletics, F. sen., m. Frau u.
Sohn. — Spelletics, F., jun., Kapitän. — Stahel (Számvald) J., Generalmajor. —
Staucsics, T. — Strausz, A. u. Frau. — Süttö. — Szabad, E., Kapitän. — Szabó,
N. u. Frau. — Szabó. — Szalay. — Szathmáry, B. — Szegedi. — Szendi. — Ta-
kacs ... Kapitän. — Tauszky, Dr. — Tebes. — Thuolt, Stef. u. Frau. — Tomics.
— Ujházy, J. — Ullmann. — Usnul. — Utassy, D., Obrist. — Vállas, Dr. — Vau-
dor. — Varga, Frz. u. Frau. — Vasfi, Dr. u. Frau. — Vurglics. — Waguer, G., Ma-
jor. — Wehle, K. — Wiegaud. — Wratislaw, Graf E., Obrist. — Zágonyi, K. Oberst,
— Zander. — Zerdahelyi, E. — Zoka, E. u. St. — Zsulavszky, E. u., Oberl. — Zsulavszky, L. v., Obrist. — Zsulavszky, K. v., Oberl.

Kalifornien : Beregszászi. — Csomortányi, L. — Ernst, F. — Fintai. — Hockholczer.
— Molitor, G. u. Stef. — Szabó, J. — Szuliok. — Takács u. Frau. — Urnay u.
Frau. — Volf.

Ceylon: Crüwell, Karoline.
Buenos Ayros: Czetz, J. General u Frau.
Brasilien: Endrényi. — Göcze. — Tóth, K. — Videky, L.
Meziko: Hoffmann. — László, K. — Nemegyei. — Xántus, J.
Utah: Kalapsza.
Texas: Katona, G. — Madarász, Fran. — Meinhardt, Klara. — Ujházy, T. v. —
Wargha, B.
Cuba: Pongrácz, G.
Montevideo: Scheiner, C. — Tugemann. — Végh, A.
Costa Rika: Schlesinger.
Peru: Zsurnay.

(Somit in den Vereinstaaten : 269 Ungarn; darunter 4 Generale, 12 Oberste, 24 sonstige amerikanische Offiziere; in den übrigen Staaten aber 37 Ungarn. Also in Summa : 306.)

In Australien.

Farkas, M. — Kabat u. Frau. — Koszek. — Mauksch, B. — Rochlitz, Albert. Melbourne. —
Rochlitz, Koloman, Melbourne. — Vékey, Sigmund. Mit Frau u. Tochter. Otago.

In Belgien.

Fischer, Ostende. — Josika, Baron Nikolaus. Brüssel. — Jósika, Baronin Julie. Brüssel.
Kovacs, Imre. Ostende. — Ludvigh, Joh. v. n. 2 Töchter. Brüssel. — Perczel, Moriz.
v. General. Brüssel. — Perczel, Julie v. Generalin; nebst 5 Kinder. Brüssel. — Sréter,
L. v. Obrist. Brüssel. — Szontagh, Samuel, nebst Frau, Brüssel. —

In Dänemark.

Frigyesy, L., Kopenhagen. — Megyesy, Kopenhagen. — Prochuvskr, A. Mit Frau u.
Sohn, Kopenhagen. — Raab, Kopenhagen. — Schulzer, Kopenhagen, nebst Frau.

In Deutschland.

Almásy, Ilma v., Hannover. — Banyafy, Bayern. — Frey. — Kühne, Auguste, Schlesien.
— Kühne, Mart., Efferdingen. — Pougrácz, Lad. — Reisinger. Franz, Wiesbaden —
Stefan, Palatin, Schanenburg. — Steinacker, Gustav, Weimar. — Uechtritz, Baron
E., Oberst, Schlesien. — Weldycs, S., Hamburg.

In den Donaufürstenthümern.

Bardócz, Moldau. — Czelder, Bukarest. — Hajnal, Jos. Moldau. — Hajnal, Rosa,
Moldau. — Horvát, Therese. Bukarest. — Kajdácsi, Belgrad. — Koos, Bukarest. —
Lesciusky, Walachei. — Mester, Silistria. — Molnár, M. Walachei. — Pakh, Walachei. — Petrovics, Serbien. — Podhorszky, E., Walachei. — Sánta, Moldau. —
Seress, Bukarest. — Silberleitbner, Walachei. — Tar, K. Walachei. — Tóth, Stef.
Bukarest. — Vörös, A. Konstant.

In England.

Balogh, Imre, — Bonyhády, London. — Bnkovics, — Bulharyn, General. — Décsy. —
Diósy, Mart. London. — Diósy, Leonie. London. — Diósy, Arthur, London. — Duka,

Frau. London. — Duka, Sohn. London. — Eber, Brigadier. London. — Egàsy,
Obrist. Manchester. — Ehrlich, J. — Ertkeuker. — Huller, Jos. — Juhász, Obristl.
London. — Juhasz, Frau. London. — Kastner, Konst. — Kmety, General. London.
— Kovàcs, L. Major. Loudon. — Kövy, Alb. — Lichtenstein, Georg. Edinburgh. —
Lichtenstein, Ludw. London. — Lorànth, Joh. London. — Mednyànsky, A. v. Obristl.
London. — Merey... Sohn. — Mihàly. — Nagy, Imre. London. — Nagy, Paul. Lou-
don. — Nagy, Peter. London. — Pulszky, Gabriel v. London. — Rònay, H. London.
— Roth, Dr. Mathias, mit Frau u. 7 Kinder. London; Brighton. — Schiller, Man-
chester. — Schlesinger, Max, uebst Frau. London. — Stoffregen, London. — Stro-
bel, u. Frau. London. — Szabò, Imre v. Oberst. London. — Szeredy, London. —
Szcielmey, N. v. Oberst; nebst Frau und 3 Kinder. London. — Szumràk, Ernò. London. — Teleki, Gräfin Jane. Eywood. — Vetter, A. General. Loudon. Mit Frau Ferenczy. — Vukovics, S. Minister, London. — Werner, Loudon. — Zamoisky, Graf
London. — Zerty, Dr. G. u. Frau. Loudon.

In Frankreich.

Biernstiel, Paris. — Blumberg, Dr. Cannes. — Boison. — Czernik. — Dembinsky, General, Paris, — Dietrich. — Dittmar. — Földvàry, A. Paris. — Földvàry, Frau. Paris, — Fülöp. — Geraudo, Emma v., nebst 2 Kinder, Paris. — Grisza, A. nebst Frau
u. 3 Kinder, Paris. — Guyon, Gräfin, nebst 2 Kinder, Paris. — Horn, J.-E. nebst
Frau u. 3 Kinder, Paris. — Horodiuski. — Hüffel, Strasburg. — Irànyi, Daniel, Pa-
ris. — Kiss, Nikolaus, General, nebst Frau u. 3 Kinder, St-Ange. — Lapinsky,
Th. General, Paris. — Milutinovics, Paris. — Novelli. — Podhorszky, L. Paris.
— Ràth. Naudor, Paris, Calais. — Rombay, Dr. — Schindler, A. Paris. — Seherr
Thoss, Graf Arthur, u. Gräfin. Paris. — Simonyi, Ernst, Paris. — Sz.., Paris. —
Szarvady, Fr. uebst Frau, Prris. — Szemere, Bertalan v., nebst Frau u. 3 Kinder,
Paris. — Wirth, Paris.

In Griechenland.

Baumel. — Zernovicz, Graf Kuno. Athen.

In Holland.

Sobolewski, Graf J. W.

In Italien.

Politische Sommitäten und Offiziere : Adams, K. — Almàny, A. — Asztalfi u. Frau. —
Bakò, E. — Ballarcsi. — Balogh, A. — Balogh, Cz. — Balogh, D. — Balogh, L. —
Balogh, V. v. — Bangya, E. — Barabàs, M. — Batta. E. — Bauset. — Belotto. —
Benedikti, Major. — Benesch. — Birò, L. v. — Bosziki. — Braderics. — Braun-
beck. — Buski J. — Clair. — Crouy Chanel, A. Fürst. — Csernàtoni L. — Csudafy,
Oberst. — Czetz, Stef. — Czviàn, Stef. — Darvas, L. — Dobay, K. — Dombory,
Dr. — Donàth. — Duka, Frz. — Dunyov, J. — Dunyov, Stef. Oberst. — Eberhardt,
K. Oberst. — Eördögh, K. — Farkas, G. Major. — Fejér, Chr. F. — Figuli, F.
— Fircsa I.. — Földvàry, K. v. Oberst. — Frigyesy, G. Obristl. — Gàl, A. v.
General. — Gellich, A. — Ghirczy, J. u. Frau. — Giofberger, n. Frau u. 2 Kin-
der. — Gyra, F. — Hagen, Ign. u. Frau. — Hanneker. — Haszlay. — He-
gyesi, Major. — Hegyi, L. — Heiuzmann, Dr. u. Frau. — Helfy, Dr. — Herczegby,
Dr. — Hevesy, G. — Horvàth, K. — Hoszek, L. Frau u. Tochter. — Hollovics. —
Iranyai. — Hubuer. · Huggendubler. — Idzikowski, Th. Obrist. — Ihàsz, D.

Obrist. — Illitzky. — Jáworka. — Iersesky. — Iczermirky. — Kádár, Al. — Kallay — Kápolnay, Istv. — Karatel. — Kárpi. — Kanser, Stef. u. Frau. — Kendery. — Képes. — Kiss, Jos. Major. — Kollmann. — Kolossy. — Koromzay. — Kossuth, Ludw. v. mit Frau u. 2 Söhne. — Kovács, And. Major. — Kovács, Leo. —Kovácsy. Kozma, D. — Kölbl, K. Major. — Körner. — Kövy, S.— Kraus, K.—Krivácsy, J. v. Oberst mit Frau u. 3 Töchter. — Kubinyi, S. v. — Kupa, F. Obrist. — Laimlin. — Lajosy. — Langer, K. — Lazányi. — Lefkovics. — Lemlényi. — Leoni. — Makra. — Mandula. — Maugold. — Marot. — Mátyus. — Mibálniecz. — Milde. — Mogyorody, A. Obristl. — Mokra.— Molnár, Alb. — Montedrgo, A. — Nagy, K. — Nedbal, Fr. Oberst. — Nitsner. — Nyáry, Baron Albert, u Frau. — Ováry, L. u. Frau. — Palóczy, Th. Major. — Panu. — Pantocesk u. Frau. — Pap, G. — Pap, Joh. Auditor. — Pápafi, T. — Pápay. — Papp, Jos. u. Frau. — Parkovics. — Petesch. — Pethes. — Pinczés, L. mit Frau u. 2 Kinder. — Pischl. — Popini. — Pulszky, Franz v. mit 4 Kinder. — Pulszky, Therese v. — Radnics, J. — Raksányi. — Redl, L. — Reb, J. — Reinfeld, D. Major. — Reisnig. — Reményi, E. Rom. — Rényi, K. Major. — Salamon, A. — Sajö, G. — Scheiter, G. Obristw. — Schneider. Dr. Oberst Feldstabarzt m. Frau u. 4 Kinder.— Serbán. — Simoncsics... Obristl.— Somlay. — Somogyi, J. — Staindl, Frz. u. Frau. — Stankovics, A. — Szabó, G. — Szabò, II. u. Frau. — Szakmáry... Major. — Szedlö. — Szémany. — Szepesy. — Szirmay, J. — Szirmay, Dr. Stef. — Szobonya. — Szodtfried, F. Oberst. — Szokolics. — Szurecki... Obristl. — Szücs, J. — Tanárky, J. v. — Taubser. Dr. K. — Teleki Graf A. General. — Telkesy, J. Oberst. — Tiretti. — Tittel. — Tolnay. — Tóth, Aug. — Tóth, L. — Türr, Stef. General u. Frau. — Udvardy. — Ujházy, L. v. u. 2 Söhne. — Vandruska. — Varga, Dr. S. — Varjasy. — Vass, Al. — Verdősy, J. Oberst. — Vida, E. — Villasy. — Vopaleczky. — Walluschnigg. — Wawrek u. Frau. Weninger. — Wenrich. — Wibrak u. Frau. — Wiberal u. Frau. — Zahoray. — Zeyk, A. v. — Zsámbokréti. — Zsigmond. — Zsolnay, Z. u. Frau. — Zsombay. Zsömböry. — Zsurmay, K. Oberst.

237 Personen; darunter 1 Fürst, 1 Gouverneur, 1 Staatssekretär, 3 Generale, 12 Oberste, 16 Majore ;ferner 209 in dieser Liste vorkommende Legionäre, — Summa; 446 Personen.)

Im Oriente.

Adliczer, Dr. Egypten. — Ascher, Dr. — Balogh, Prz. — Balogh, Stef. — Bangya, J. v. Obrist. R. — Baratkievicz. — Baron... R. — Bárdy. — Bátbory, Dr... R. — Bátorfy, Oberst. R. — Bernát, Major. R. — Bibera... R. — Birò, Joh. R. — Birò. — Crüwell, Kornelia. Ceylon. — Csajkovsky, M. — Dempfwolf... R. — Dereczky, Maj. R. — Divicsek, Major. R. — Divicsek, Majorin. — Dobokay, Frau. — Dombrovzky— Duka, Dr. Th. Ostindien. — Erdélyi, Ign. China. — Farkas, (Wolf) Major. R. — Fekete, China. — Fischer, Major. R. — Fontana, Dr. — Fraynd, Obristw. R. — Frics, Obristl. R. — Gergely, — Glosz. — Glosz. — Globotschnigg. — Grattke, Dr. Monaster. — Grimm, Vinz. Konstant. — Hámory, Marie. Konstant. — Horn, J. E. Egypten. — Horváth, M. — Huszka, N. — Iustiniani. — Kis, Anton. — Kollmann. General. R. — Koscielsky. — Kmety, General. R. — Luboradsky... R. — Mandel..., R. — Merey, Auguste. In Bombay. — Naherr, Adrianopel — Orosz, Iul. — Pap, Joh. R. — Potholay... R. — Regelsberger, Dr. R. — Sokulski, Frz. Konstant. — Spitzer, Bagdad. — Szász... R. — Szilágyi; Konstant. — Taschler, Jos. Obristl. u. Frau; Konstant. — Tothfalusy; Hôtelist. Konstant. — Vambery, Ara. Teheran. —

Weldics. Konstant. — Wepler. Jos. Obrist. R. — Woroniecky, Fürst J. R. — Zarzycky, Diou. Obrist. (Der Buchstabe R bedeutet : Renegat; also im türkischen Dienst).

In Polen.

Dosse. — Csàkò, G. — Lubiewski. — Maseczki. — Markovits. — Patz, Stan. — Pouinski. Graf Lad. — Weinàr. — Zawadski.

In Russland.

Horn, Antou, St Petersburg. — Vilànyi, St-Petersburg· — Wranesevics, Odessa.

In Schweden.

Di askovics, Malmö. — Mauovil. — Scheringrat. — Ujhelyi.

In der Schweiz.

Asstalos, Marie, Genf. — Balassa. Baron A. Genf. — Dessewffy, Adele, Genf. — Egan, Genf. — Forgàcs, Gen!. — Cronovszky, Bern. — Hirschler, M. u. Frau, Zürich. — Horvàth, Imre. Genf. -- Horvàth, Michael, Bischof, Genf. — Karacsay, Graf A. mit Frau u. 2 Töchter, Genf. — Kàralyi, Gräfin Karoline, Genf. — Kàralyi, Gräfin Palma, Geuf. — Klapka, G. General, Genf. — Perlaky, Zürich. — Puky, N. v., Genf. — Szillassy, L. — Vaisz, W. Major, Genf. — Vàrady, A. Major u. Frau, Genf.

In Spanien.

Ludvigh, Julius von.

In Italienischer Kerkerhaft waren (aus politischer Parteilichkeit) :

N° 3, 13, 15, 31, 49, 53, 54, 55, 58, 60, 69, 71, 76, 83, 106, 120, 129, 130, 140, 149. 184, 188, 191, 197, 198, 202, 223, u. s, w. alle mit Dp. bezeichneten Legionäre. — Ferner : Donàth, Lieut., Genua. — Gàl, Alex., General, Neapel. — Gombos, A. — Guyon, Graf Viktor, Pisa. — Halàsz, Konrad, Major, Genua. — Hegyi, Leop., Aqui, — Kramer, T., Lieut., Crema. — Krivàcsy, J. v., Oberst, Mailand. — Kun, Béla, Aqui. — Pulszky, Frz. Aurel, Neapel. — Semsey, Dionys, Aspremonte. — Semsey, Leop., Aspremonte.

Internirt waren oder sind noch in Oestreich :

Bémer, Baron L., Bischof. — Berzenczey, L. v. — Gàl, Gustav. — Görgei, Arthur. — Görgei, Adele. — Jekelfalussy ... Bischof. — Leményi, Joh , Bischof. — Lonovics, J , Erzbischof. — Hàm, J., Primas v. Ungarn. — Römer, Dr. Fl. — Szécsenyi, Graf Stefan. †.

Oestreichische Kerkerhaft erlitten seit 1849 :

Almàsy, Paul v. — Behm, D. . — Bémer, Baron L., Bischof. — Berzenczey, L. v. — Bokros, L. — Bradich, Oberst. — Buda, Alex. — Csaky, Graf Lad. — Csato, A. —

Csere, N. — Csermelyi, Jos. — Danes, L. — Danielisz, F., Oberst. †. — Dimenvi, J., †. — Dollesz, J. — Dnuyov, Stef, Oberst. — Eszterházy, Graf Paul. — Figyelmesy, Filipp, Oberst. — Földváry, K. v., Oberst. — Frigyesy, Ludw. — Fülop, Filipp. — Grossinger, Karl. — Guyon, Gräfin; sammt 3 Kinder. — Hajnal, Rosa. — Halasz, Ign. — Horn, Anton. — Horvát, Therese. — Hunyadi, Graf Joh. — Irinyi, Jos. v. †. — Jabloniczky, Ign. †. — Jankó, Vinz. — Károlyi, Graf Eduard. — Kekessy, Mich. — Keményfi, Jos. — Képes, Imre. — Koós, Frz. — Koromzay. — Kossuth, Franz von. — Kossuth, L. Th. von. — Kossuth, Vilma v. †. — Kossuth, Charlotte von. †. — Koszta, Mart. v. — Krivácsy, Jos. v., Oberst. — Kun, Béla. — Leutsch, Baron Alb. — Lövei, Klara. — Makk, Jos., Oberst. — Matheidesz, J. M.— May, Jos. †. — Ményhárd, Joh. — Meszlényi, Susanna v. — Mogyorodi, A., Obristl. — Muzsiko, C. — Nagy, Imre. — Oroszhegyi, Dr. J. .— Palóczy, Th. v. — Pataki, K. M. †. — Perczel, Julie v. — Perczel, M. v. — Perczel, Irma v. — Péteri, Joh. — Pongrácz, Géza. — Pulszky, A. v. — Pulszky, G. v. — Pulszky, J. v. — Ruscsák. — Ruttkay, Louise v. — Scheinert, Ferd. — Semsey, Koloman. — Somlay, Joh. — Strobel, Frz. — Szabó, Péter. †, — Szakács, Joh. — Szakmáry, Major. — Székelyi. — Szirmay, Jul. v. — Szontagb, Samuel. — Teleki, Gräfin Blanka. — Teleki, Graf László. †. — Thaly, S. v. — Török ... Prof. †. — Türr, Stefan, General. — Varady· — Varga, Dr. S.

Wegen bürgerlicher Vergehen wurden angeklagt:

Beck, Wilhelmine. †, London. — Czvian, Stef., Oberl., Cuneo. — Dietrichstein, London. — Királyi, Frz., Konstantinopel. — Kiss, Lad., Venedig. — Na gy, Ludw. Wien. — Seherr Thoss, Graf Friedrich, London. — Szodtfried, F., Oberst, Cuneo.— Taubner, Dr. Karl, Verona. — Utassy (Strasser) D. Newyork.

Lezte Nachträge.

Bucsánszky, Karl. Buchhändlerssohn, Pest. Geb. 1836. 62 A. Garibaldi-Guard. † 63, erschoss sich, Winchester.

Bucsánszky, Ludw. Buchhändlerssohn, Pest. Geb. 1837. 62 A. 63 U. † Pest; erschoss sich.

Fiala, Joh. Tom. Geb. 1822, Temesvár. K. k. Off. 48 Major. 49 T. Obristl. R. Aleppo, Bem's Adj. 50 Frankreich. 51 A. Ingenieur. 61 amer. Oberst. Jezt Chef-Ingenieur.

Fiala, Mathilde, geb. *Rombauer.* Obristgattin. St-Louis; nebst 5 Kinder.

Májerfy, Karl. Geb. 1820. 48 Honvéd. 49 Walachei, Fabriksbesitzer. 60 den Ungarn nach Italien verhelfend 62 sich in Bukarest der Amnestie stellend; verhaftet nach Oestreich; 2 Jahre Untersuchung. 64 verurtheilt zu 5 J. schweren Kerker. Ofen.

NACHWORT.

Eine Eintheilung nach den *Nationalitäten*, nach den *Lebens-
altern*, und vielleicht auch nach den *Konfessionen*, wird sich
erst in den Registern des *Hauptwerkes* vornehmen lassen, wel-
ches ohnedem vielleicht um die Hälfte vermehrt wird, laufen
Nachträge und Korrekturen rasch ein. Höchst wünschenswerth
sind solche kategorisirende Uebersichten schon allein desz-
halb, weil gewisse Parteien nicht müde werden, der Welt
weisz zu machen, die Erhebung von 1848—1849 in Ungarn
sei blosz « von der magyarischen Kaste » ausgegangen und
getragen worden. Daher hat schon Ph. Korn versucht, den
historischen Beweis zu liefern, dasz sowohl alle Nationalitäten
Ungarns mehr oder minder stark, den Kontingent zum Kampfe
für gemeinsames Recht und Aller Freiheit stellten, als auch
fast alle Nationalitäten Europa's ihre ehrenwerthen Vertreter
in Ungarn, dadurch darnach unter den Blutzeugen dieser ge-
rechten Sache, wie unter der Emigration hatten und haben.
Die einzelne Bezeichnung « Pole », « Isr. » (Israelite) u. s. w.
geschah eben auch in dieser Liste aus gleicher Absicht, also
gerade aus entgegengesetzter, wollte man darin einen Aus-
scheidungsversuch erblicken. Wenn die Kreuzzeitungspartei
aller Länder stets demonstrirt, alle Revolutionen werden blosz
von « Polen und Juden » « *gemacht* », so ist es der Ungarn
Stolz, diese beiden liberalsten Volkselemente Europa's in
eigener Geschichte als meist (freilich gab es auch Ausnahmen)
wackere Parteigenossen mitzählen zu können. Um jedoch
der Unterschiebung persönlicher Motive vorzubeugen, musz
der Redakteur dieser Liste erklären, dasz er selbst aus ungrischer und uralt-katholischer Familie ist, die sogar einen
Bischof unter ihren Gliedern aufweist. « Merk's Wien ! » (Abra-
ham à Sta Clara).

———————

A t. magyar olvasóhoz.

Magában értetik hogy, ha az à-betüvel kezdö nevek közt némelyek rövid a-val nyomtattak, az nem a szerkesztöség hibája, hanem az idegen nyomdàszé, kinek nincsenek nagy à-betü.

A szerzö.

Abkürzungen :

A. bedeutet : Amerika.

Aqui	=	*Offiziersdepot* ungrischer Legion in Aqui.
Cuneo	=	*Offiziersschule* ungrischer Legion in Cuneo.
Dem.	=	nahm seine oder erhielt *Demission*.
Dp.	=	wird erst im Hauptwerke besagt.
F.M.L.	=	*Feldmarschall-Lieutenant.*
Honv.	=	*Honvéd*, Nationalsoldat 1848—49.
Hptm.	=	*Hauptmann.*
Husz.	=	*Huszár*, ungrische Kavallerie.
KK.	=	Komorner Kapitulant.
K. k.	=	Kaiserlich königlich; also *östreichischen Dienst.*
Leg.	=	Mitglied der ungrischen Legion in Italien, *Legionär.*
Lieut.	=	*Lieutenant.*
Oberl.	=	*Oberlieutenant.*
R.	=	Renegat, trat in der Türkei zum *Mohamedism* über.
T.	=	*Türkei.*
U.	=	zurückgekehrt nach *Ungarn*, also *amnestirt.*
Wachtm.	=	*Wachtmeister.*
*	=	erhielt die Tapferkeitsmedaille in Ungarn, 1848-49.

63 *, Ankona = erhielt zu Ankona 1863 die Tapferkeitsmedaille für Ungarn 1848-49, diente somit bereits im ungrischen Unabhängigkeitskampfe.

† = Gestorben.

—oo><oo—

I.

Uebersetzungen.

1. **Gedichte aus fremden Sprachen.** (52, aus 52 Spra=
chen). Jena, 1848. Maucke. (Seiner Mutter gewidmet).
Miniaturausgabe. Gebunden. XX. 122 S.   20 Sgr.
(Kritik: Frankfurter Konversationsblatt, 1849.)

2. **Gedichte von Alexander Petöfi.** Aus dem Ungrischen.
Nebst Anhang, Lieder anderer Dichter (170 Gedichte,
Heinrich Heine gewidmet.) Frankfurt a/M. 1849. Litera=
rische Anstalt. Gr. 8° XXII, 466 S.   2 1/4 Rthl.
Kritik: Dr. W. Ohlv, Frankfurter Conversationsblatt, Nro. 233-36, 1849.
— Heinrich Heine's Brief au Kertbeny, Paris, August 1849.)

3. **Der Held Jànos.** Volksmärchen von Petöfi. Aus
dem Ungrischen. Mit Porträt. Stuttgart, 1850. E. Hall=
berger. Miniaturausgabe XVI, 132 S. geb. mit Gold=
schnitt. (H. Kestner gewidmet)   1 1/4 Rthl.
(Kritik: Saint-René Taillandier, Revue des Deux Mondes, 1851, livr.
du 15 mai. — The Athenæum, London, 1850, n° 1116. — Dr.
Adolph Stahr, Deutsches Museum, Leipzig, Dez. 1851.)

4. **Ungrische Volkslieder** (400). Metrisch übersetzt.
Mit Titelkupfer. Darmstadt, 1851. Leske. Gr. 8°, XII.
352 S. (Bettina v. Arnim gewidmet.)   1 2/3 Rthl.
(Kritik: Dr. Adolf Stahr, Allgemeine Zeitung, Nr. 147, Augsburg, 1852.
— Bettina's Briefe au Kertbeny, Wippersdorf, 1851.)

5. **Des Henkers Strick.** Roman von Petöfi. Aus dem
Unbrischen. Halle. 1851. Schmidt. 8°. 170 S. 2/3 Rthl.

6—7. **Erzählende Dichtungen von Johann Arany**
2 Bände. I. Toldi, in 12 Gesängen. II. Die Belagerung
von Muràny, in 4 Gesängen. Leipzig, 1851. Herbig.
8°, XXIV, 184 und 176 S. (Alfred Meißner und Theodor Fontane gewidmet)   1 2/3 Rthl.
Zweite Ausg.; Lpzg., 1853. Herbig. 8°, 360 S. 1 Rthl.
Kritik: The Athenæum, London, Nr. 1210. 1219. Dr. Adolf Stahr.
Kolatscheck Monatschrift, Sept. 1851. — Dr. F. Kühne, Europa.

1852, Nr. 6. — Wolfgang Menzel, Literaturblatt 1852, 14. Aug. — Julian Schmidt, Grenzboten, Nr 32,1852. — Dr. H., Heidelberger Jahrbücher, 1852. — Feodor Wehl, Jahreszeiten, Nr. 12, 1852 — H. Zeising, Blätter für lit. Unterhaltung, 1852, Nr. 11, 12.)

8. **Nationallieder der Magyaren.** (212 Gesänge des Volks, während der Revolution 1848—1849). Uebersetzt von Vaßfi (Dr Eisler) und Benkö (Kertbeny). Braunschweig 1852. Georg Jäger (Meyer). 16°. XXVI, 384. (Ludwig Uhland gewidmet.) 2 Rthl.

(Kritik : Uhland's Brief an Kertbeny, 1852, Stuttgart.)

9. **Tihanyi riszhang. Das Echo von Tihany.** Märchen von J. Pompéry. Ungrisches Original, und deutsche Uebersetzung. Pest, 1853. E. Müller. K. 8°. 62 S. 20 Kr.

10—12. **Album hundert ungrischer Dichter.** 1572 —1799, und 1800—1852. (320 Gedichte.) In eigenen wie fremden Uebersetzungen. Dresden, 1854. R. Schäfer. Miniaturprachtausgabe, mit Goldschnitt. 16°. XX, 559 S. (Franz Lißt gewidmet.) 2 Rthl.
Zweite Ausgabe: Dresden 1854. R. Schäfer. XX, 559 S. 2 Rthl.
Dritte Ausg.: Prag, 1860. L. Kober. XX,559 S. 3 Glb.

(Kritik : J. Semlitsch, Wiener Zeitung. 1854. — Pesti Napló, Pesten. 1854. — Allgemeine Zeitung, Augsburg, 1854, Nr. 179. — G. G. Gervinus, Brief an Kertbeny, Heidelberg, 1854. — J. P. Beranger, Brief an Kertbeny, Paris, 1855. — Friedrich Halm, Brief an Kertbeny, Wien, 1854. — Alexander von Humboldt, Brief an Kertbeny, Berlin, 1854. — Franz Liszt, Briefe an Kertbeny, Weimar, 1854-55 — Maximilien I., König von Bayern. Zuschrift an Kertbeny, München, 1855.)

13—14. **Dichtungen von Johann Garay.** Aus dem Ungrischen. Pest, 1855. Emich, 16°, XLIII, 119 S. 1 Gulden.
Zweite Ausgabe: Wien, 1856. K. Helf. 16°. XXXVII, 116 S. (Wilhelm Hemsen gewidmet). 1 Gulden.

(Kritik : Thalès Bernard, Athenæum, Paris, 1855, 3 nov. — Fertiault, Le Souvenir, Paris, 1855.)

15. **Gedichte von Michel Vörösmarty** (26). Aus dem Ungrischen. Pest, 1827. R. Lampel. Miniaturprachtausgabe. 12°. XLV, 156 S. (Dr. F. Bodenstedt gewidmet). 1 fl. 20 kr.

(Kritik : F. Bodenstedt, Briefe an Kertbeny, München, 1857.)

16—17. **Gedichte von Alexander Petöfi** (230). Neue Uebersetzung. Aus dem Ungrischen Mit Vorwort von Dr. F. Bodenstedt. Leipzig, 1858. F. A. Brockhaus. 8°, XXII, 592 S. 2 Rthl.

Zweite Ausgabe: „Bibliothek classischer Schriften des

Auslandes" Bd. XL Leipzig, 1860. F. A. Brockhaus. 600 S. Jeder Band: 10 Sgr.

(Kritik: Saint-René Taillandier, Revue des Deux Mondes, 1860, livr. du 15 avril et du 1er sept. — Nefftzer, Revue Germanique, Paris, 1860. — Rudolf Gottschall, Blätter für lit. Unterhaltung, 1858, Nr. 27. — Julian Schmidt, Grenzboten, Nr. 40, 1858. — R. Lehmann, Magazin f. Lit. des Auslandes, 1858. — F. Freiligrath, Briefe an Kertbeny, London, 1860.—Anastasius Grün, Briefe an Kertbeny, Gratz, 1860. — G. Herwegh, Briefe an Kertbeny, Zürich, 1860. — Varnhagen von Ense, Briefe an Kertbeny, Berlin, 1857. — Hermann Grimm, Brief an Kertbeny, Berlin, 1860.)

18. Zaubertraum. Dichtung von Petöfi. Aus dem Ungrischen Wien, 1859. Wallishauser. Gr. 8⁰ 12 S.   30 Kr.

19. Gedichte von Koloman Lißnyai (13). Aus dem Ungrischen. München, 1859. M. Rieger. 16⁰, VIII, 40 S. (Paul Heyse gewidmet).   36 Kr.

(Kritik: Paul Heyse, Brief an Kertbeny, München, 1859.)

20. Erzählende Dichtungen von Alexander Petöfi. Aus dem Ungrischen metrisch. I. Zaubertraum. II. Held Jànos, Märchen in 27 Gesängen. III. Istòk der Narr. München, 1860. G. Franz. Miniaturausgabe, XVIII. 168 S. (Fürst F. K. Hohenlohe gewidmet).   1 Gulden 10 Kr.

(Kritik: Fürst Hohenlohe an Kertbeny, Kupferzell, 1860. — E. Geibel an Kertbeny, München, 1860. — Ernst Herzog von Koburg-Gotha, Brief durch H. v. Meyen, Gotha, 1860).

21. Alexander Petöfi's Dichtungen (68). Aus dem Ungrischen. Stereotypausgabe. (Classiker des In- und Auslandes, Bd. LV). Berlin, 1860, A. Hofmann u. Comp. 12⁰, XIV, 138 S. (Karl Freiherrn von Münch gewidmet).   6 Sgr.

22. Gedichte von Johann Arany (18). Versuch einer Musterübersetzung. Genf, 1861. J. W. Fick. 12⁰, XIX, 114 und 15 S. (Wilhelm von Kaulbach gewidmet). 2 Fr.·

(Kritik: Dr. Roth, Bund, Bern, 1861. — Hamburger Nachrichten, 1861. — Europa, Leipzig, 1861. — Ludwig Uhland, Brief an Kertbeny, Stuttgart, 1861. — W. v. Kaulbach, Brief an Kertbeny, München, 1861. — Fürst A. Polignac, Brief an Kertbeny, Paris, 1862.)

23. Graf von Cavour. Von seinem Neffen William de Larive. Skizzen und Erinnerungen. Einzige vom Verfasser autorisirte deutsche Ausgabe. Aus dem Französischen. 2 Bde. Leipzig, 1863. Purfürst. 8⁰, 480 S.   2 Rthl.

II.

Sammlungen.

24. **Volksliederquellen in der deutschen Literatur.** Bibliografischer Beitrag. Halle, 1852. Schmidt. Gr. 8°, 12 S.

25. *Hangok a Múltbol.* A magyar nemzet nagy napjainak emlékeül. Kiadta két honfi (Dr Vasfi és Kertbeny). Egy czimképpel. (Klänge aus der Vergangenheit. 212 Revolutionslieder, gesammelt). Lipcse, 1851. Keil Ernö és társa. 12r. XIX, és 345 l. 1 Rthl.
Zweite Ausgabe: Lipcse, 1862. Mittler. Budàn, Nagel és Vischàn. 12r. XX, 345 l.

26—29. Nemzeti Dalkönyvecske (Ungrische Dichteranthologie). Pest, 1856. Lampel R. tul. 16r. 177 l.
Zweite Ausgabe: Pest, 1858. Lampel R. tul. 16r. 190 l.
Dritte Ausgabe: Pest, 1861. Lampel R. tul. 16r. 200 l.
Vierte Ausgabe: Pest, 1863. Lampel R. tul. 16r. VIII, 504 l. kötve. 1 fl. 50 kr.

30. **Lieder aus der Fremde.** In Beiträgen von F. Boden-stedt, F. Freiligrath, E. Geibel, M. Hartmann, K. M. Kertbeny u. s. w. (Her. v. H. Harry). Hannover, 1857. Rumpler. Gr. 8°, 355 S. Prachtv. gebunden. 2 Rthl. 15 Gr.

31. **Sammlung der vorzüglichsten Dichtungen, Prologe, Vorträge und Sprüche zur Schiller-Feier.** 1859. 7 Hefte. Redigirt von K. M. Kertbeny. München, 1859. Fleischmann. 12°, 440 S. 1 Rthl. 12 Sgr.

32. *Études sur la littérature hongroise.* Choix de morceaux relatifs à la poésie hongroise tels que : Articles, lettres, traductions et citations deBéranger ; Thalès Bernard; Ph. Chasles; Dolfus; J.-E. Horn; A. Millien; le prince A. Polignac; G. Revilliod; E. Quinet; E. Scheffler; St. R. Taillandier et autres. Recueillis et publiés par K. M. Kertbeny. Première livraison : *La poésie hongroise au XIXe siècle.* Par Saint-René Taillandier, Paris, 1863. M. Lévy frères, 8°, 104 p. 1 fr.;

III.

Originalwerke.

33—34. Erinnerungen an Graf Stefan Szécsenyi (geb. 1792 gest. 1860) Genf, 1860. Fick. Gr. 8°, 52 S. Zweite Ausgabe: Genf und Basel, 1860. H. Georg. 8°, 148 S. 2 fr.

(Kritik: J. Lehmann, Magazin für Literatur des Auslandes, 1860. Nr. 114. — H. Marggraff, Blätter für liter. Unterhaltung, 1860, Nr. 39. — J. E. Horn, Journal des Débats. 1860. — Graf L. Teleki, Brief an Kertbeny, Genf, 1860. — G. Klapka, Brief an Kertbeny, Genf, 1860.)

35. La Hongrie, son développement intellectuel et politique. Notice sur le comte Széchényi. Par Kertbeny. Traduite par Gustave Revilliod. Genève, 1860. George. Gr. in-8° 47 p. 1 fr.

(Kritik: Le Courrier du Dimanche, Paris, 1860, Nr. 41. — Revue critique de Genève août 1860.)

36—37. Silhouetten und Reliquien. Persönliche Erinnerungen an Albach, Batthyányi, Bem, Béranger, Bettina, Delaroche, Garay, Haynau, H. Heine, Herloßsohn, K. Kisfaludy, W. Kunst, Lablache, N. Lenau, J. Majláth, Petöfi, Pyrker, Saphir, beide Schröder, Splényi, Szécsenyi, Varnhagen, Vörösmarty, Zschokke u. s. w. 2 Bde. Prag, 1861—1863. J. L. Kober. 8°, XVI, 272, und 259 S. 2 Rthl. 8 Gr.

(Kritik: A. Scheffler, Illustration, Journal universel, Paris, 1861. 20 juillet. — Thalès Bernard, L'Ami de la Religion, Bruxelles, 1861, Nr. 329. — H. Marggraf, Blätter für liter. Unterhaltung, 1861, Nr 42. — Charles Sealsfield, Briefe an den Verfasser, Solothurn, 1861.)

38. Erinnerungen an Graf Ladislaus Teleki (geb. 1811, gest. 1861). Mit dem Porträte Teleki's und Briefen desselben. Prag, 1861. J. L. Kober, 8°, 144 S. 1 Gl.

(Kritik: J. E. Horn, Journal des Débats, Paris, 1861, 26. oct. — F. Pulszky Briefe an den Verfasser, Turin, 1861. — B. Szemere, Briefe an den Verfasser, Paris, 1862.)

39. Ungarns Männer der Zeit. Erster Band: J. Arany und die ungrische Poesie. — F. v. Deák. — J. Baron Eötvös. — J. E. Horn. — M. Jókay und der Roman in Ungarn. — G. Klapka. — K. Markó und die ungrischen Maler. — F. v. Pulßky.—Dr. F. Toldy. Dresden, 1862. R.

Schäfer. 8°, XII,441 S. (Dem Herzoge von Koburg ge=
widmet). 25 Sgr.

40. Genf und die Genfer seit zwei Jahrtausenden.
Lexikalwerk in fünf Büchern. Programmheft. Genf, 1862.
Pfeffer und Puky. Gr. 8°, VI, 54 S. 1 Fr.

(Kritik: J. B. Galiffe, Briefe an den Verfasser, Genf, 1862. — Th. de
Saussure, Briefe an den Verfasser, Genf, 1862. — G. G. Ger-
vinus, Briefe an den Verfasser, Heidelberg, 1862. — J. Daguet,
Briefe an den Verfasser, Freiburg, 1862. — Oberst Ziegler,
Briefe an den Verfasser, Zürich, 1863.)

41. Offener Brief an (nicht gegen) Herrn L. v. Kos=
suth, früh. Gouverneur von Ungarn, derzeit in Turin.
Ueber die Verbrechen einiger Ungarn in Italien. Brüssel
1864, Druck von Vanderauwera. Gr 8°. 32 S. 5 Fr.

(Kritik : Briefe von Kossuth, M. Horváth, Jósika, Ludvigh, Pulszky,
u. s. w.)

42. Namensliste, alfabetische, ungrischer Emigration
(1848—1864). Ein Vorläufer. Brüssel, 1864. Kieß=
ling u. Comp. 8°, 104 S. Gedruckt als Mskpt. 2 1/2 Fr.

Werke unter der Presse :

43—44. Minutenbilder. Diskrete und indiskrete Plaudereien,
Skizzen, Novellen. Aus Pest, Wien, München, Genf, Paris,
Brüssel, London, u. s. w. 2 Bde. Brüssel, 1864. E. Flatau,
8° 300 u. 307 Seiten.

(Der Anraucher. — H. Heine's Wittwe. — Hôtelstudien. —
Ein Dejeuner bei Rossini. — Bei E. Renan. — D. Home, das
Spiritmedium. — Fürst A. Polignac, †. — Im Walde. — Die
Zwanzigerputzerin. — Elpis Melena.)

45. Die ungrische Emigration seit 1849. 2000 Skizzen
biografischen, historischen, statistischen und bibliografischen In=
halts. Ein Beitrag zur Würdigung von Ungarns Stellung in
der Weltgeschichte. . . . . . 1864 . . . . . Gr. 8°, 420 S. 2 Rthlr.

46—47. Ein Dekameron auf der Eisenbahn. Gespräche,
Erzählungen, Plaudereien. Von Gestern nnd Heute. 2 Bde
. . . . . 1864 . . . . . Gr. 8°, 300 und 300 S.

(James Fazy's Genf. — Atelierbesuche: bei Kaulbach, Ca=
lame, Doré, Gallait. — Geschichte meines Stiefgroßvaters.

— Erinnerungen an J. Kerner, Uhland, Zedlitz. — Ein Bein aus Mahagoni. — „Bier ist Gift." — Der Briefkäufer. — Besuche bei Charles Sealsfield. — Napoleon III. auf dem Genfersee. — Eine Pariser Orchidée. — Baron und Baronin Jòsika in Brüssel.)

Des Menschen Tragödie. Dramatische Dichtung in 15 Gebilden. Von Emrich Madàcs. Nach der zweiten Ausgabe des ungrischen Originals metrisch übersetzt. ..... 1864 ..... Gr. 8°. 218 S.

Magyar könyvészet, 1473—1864. Ungrische Bibliografie, von 1473 bis 1864. Neun Bände, in drei Abtheilungen. Erste Abth.: Ungrische Nationalbibliografie, 1533—1864. Verzeichniß aller Drucke in ungrischer Sprache. 3 Bde.

Erster Bd.: Die Weltliteratur in der ungrischen, und die ungrische in der Weltliteratur. Bibliografie aller Uebersetzungen in das Ungrische, und aus demUngrischen. ..... 1864 ..... Gr. 8° (3000 Nummern) 460 S.

Dokumente über das räthselhafte Verschollensein des Ungardichters A. Petöfi. (Geb. 1. Jan. 1823 zu Félegyhàß; gefallen an Bem's Seite, am 31. Juli 1849 in der Schlacht bei Schäßburg.) Ein Beitrag zur Geschichte der Mythenbildungen im Volke. (Dr. D. F. Strauß gewidmet). 1864.

Memoiren eines Revolutionärs. Aufzeichnungen des Oberst Josef Malf, als Schöpfer ungr. Artillerie 1848—1849, und als Emissär in Ungarn 1850—1855. Niedergeschrieben zu Newyork. Herausg. v. K. M. Kertbeny. 1864.

Findlinge. Gedanken, Funken und Quinten. Erhascht im Gewühle der Weltliteratur. 1864.

Brüssel. — Druck von Cb. und A. Vanderauwera, rue de la Sablonniere, 8